中等职业教育课程改革创新教材
物流服务与管理专业系列教材

国际货运代理操作

第2版

主　编　孙明贺
副主编　王晓玲　李明玉
参　编　邵雪艳　李俊梅　谢　璐
主　审　郑学平

机 械 工 业 出 版 社

本书遵循教育部对职业教育的要求，以全国物流职业教育教学指导委员会最新修订的《中等职业学校物流服务与管理专业教学标准〈2013版〉》为指导，以货代企业实际工作流程为蓝本，内容涵盖国际货运代理业务操作所应掌握的相关知识与技能。全书共设八个项目，包括进出口贸易合同履行、国际货代业务操作、租船订舱、做箱、投保与索赔、货运单证、报关报检和国际货款结算。在内容上，本书系统地介绍了国际货运代理业务的整个运作流程。在结构上，本书依据职业教育“以行动为导向”的原则，以项目活动作为基本学习单元，开展任务实践，实现学生“做中学、学中做”。

本书可作为中等职业学校物流服务与管理专业、经济管理专业学生学习的教材，也可作为相关人员进修学习和业务操作的工具书。

图书在版编目（CIP）数据

国际货运代理操作/孙明贺主编. —2版. —北京：机械工业出版社，2019.9（2020.4重印）
中等职业教育课程改革创新教材. 物流服务与管理专业系列教材
ISBN 978-7-111-63884-1

Ⅰ. ①国… Ⅱ. ①孙… Ⅲ. ①国际货运—货运代理—中等专业学校—教材 Ⅳ. ①F511.41

中国版本图书馆CIP数据核字（2019）第214522号

机械工业出版社（北京市百万庄大街22号 邮政编码100037）
策划编辑：宋 华　　责任编辑：宋 华 刘益汛
责任校对：卢惠英　　封面设计：陈 沛
责任印制：张 博

三河市宏达印刷有限公司印刷

2020年4月第2版第2次印刷
184mm×260mm · 11.5印张 · 261千字
标准书号：ISBN 978-7-111-63884-1
定价：31.00元

电话服务　　网络服务
客服电话：010-88361066　　机 工 官 网：www.cmpbook.com
010-88379833　　机 工 官 博：weibo.com/cmp1952
010-68326294　　金 书 网：www.golden-book.com
封底无防伪标均为盗版
机工教育服务网：www.cmpedu.com

中等职业教育（物流服务与管理专业）
课程改革创新教材编审委员会

主　任　李建成（上海现代流通学校）

副主任　朱为刚（天津市物资贸易学校）

李守斌（河北经济管理学校）

郑福辉（辽宁省农业经济学校）

张新颖（北京市商务科技学校）

委　员　**（排名不分先后）**

张宝起（天津市物资贸易学校）

张志伟（大连市经济贸易学校）

王　涛（武汉市供销商业学校）

张　葵（青岛市城阳职教中心）

王妙娟（浙江公路技师学院）

茆有柏（华北机电学校）

章亦华（苏州工业园区工业技术学校）

石国华（河南省外贸学校）

陈　年（武汉市财贸学校）

于　昊（吉林经济贸易学校）

孙建国（沈阳现代制造服务学校）

毛宁莉（浙江公路技师学校）

孙明贺（河北经济管理学校）

宋　华（机械工业出版社）

前言

近年来，我国对外经济发展迅速，日益增长的国际贸易使得我国在世界上的经济地位逐步提高。中国除了与美国、欧盟、日本贸易成交额稳步提升外，又加强了与东盟的合作。为了适应国际贸易发展的良好形势，培养更多、更适合的国际货运代理人才，特组织编写本书。

职业教育是以培养社会准职业人为目的的。本书遵循教育部对职业教育的要求，开展以行动为导向的项目驱动教学，以企业实际工作流程来创建学习情境，引导职业学生学习和操作，较好地做到了实践教学与理论的有机结合，参与教材编写的教师具有丰富的货代企业实际工作经验，因此本书无论从体例上还是从结构上都体现出企业实际的工作情境。其主要特色有：第一，重视企业实际工作经验，以货代企业真实业务出发，并以一笔货代业务贯穿整个教学过程，系统、科学地完成了货代业务的操作学习；第二，注重信息的时代性，相关知识及信息较新；第三，将社会因素融入教学，在实训中培养、锻炼学生各方面能力；第四，强调学生熟练操作，引导学生自主学习、自主参与操作练习，强调学生综合能力和素质的培养与提高；第五，以业务操作流程为主，插入大量流程图及相关表格，操作性较强。

本书由孙明贺任主编，王晓玲、李明玉任副主编，邵雪艳、李俊梅和谢璐参加编写。

为了方便教学，凡选用本书作为教材的教师，均可登录机械工业出版社教育服务网（http://www.cmpedu.com）免费下载助教资源包（电子课件、视频、习题等）。

在编写过程中我们参考了诸多同类教材，并在相关网络查询了大量资料；同时，环众物流咨询软件开发有限公司和深圳正鸿新利国际货运代理有限公司为教材编写提供了大量实操素材，并给予大力支持。在这里对相关人员表示衷心感谢！由于成稿时间仓促，编写水平有限，书中难免有不足之处，敬请广大读者和专家批评指正。

编　者

目 录

项目内容

项目一 进出口贸易合同履行

任务一 走近国际物流

任务二 掌握国际贸易方式

任务三 了解国际贸易术语

任务四 洽谈及订立合同

项目一 进出口贸易合同履行

国际货运代理是接受货主的委托，以委托人的名义或以自己的名义从事国际运输并收取服务报酬的行业。国际货运代理是不同国家的物流行为，其前提是国家之间有业务往来，即进出口业务。通过本项目的学习，可以了解国际之间进出口贸易合同的履行，熟悉合同条款，看懂合同条款，为了在做国际货运代理业务时能够更好履行进出口合同、更好为客户解决业务问题作准备。

任务一　走近国际物流

任务目标

知识目标

1. 认识国际物流
2. 掌握国际物流的特点
3. 认识国际物流的发展趋势

能力目标

1. 能正确认识我国国际物流的发展现状
2. 能就目前的一些物流现状表达自己的观点
3. 能为我国物流的发展提出合理的建议

任务描述

广州市荣信经贸发展有限公司（Guangzhou Rongxin Economies Development Co.，Ltd.，以下简称荣信公司），地址：广州市东风西路252号（252，Dong Feng West Road，CHI-GUANGZHOU）。该公司是一个有吊灯进出口经营权的贸易公司，与澳大利亚雅夫有限公司（YAFU Co.，Ltd，以下简称雅夫公司）欲建立合作关系。雅夫公司地址：123，Sydney AV，AUS-SYDNEY。荣信公司业务部王天接到公司任务后，立即着手安排与澳大利亚雅夫有限公司Mary小姐接洽。请问，该笔业务是国际物流业务吗？国际物流业务都包括哪些内容？国际物流有哪些特点？王天在接洽这笔业务时要注意哪些问题？

知识准备

一、国际物流的概念

国际物流是指在两个或两个以上国家（或地区）之间所进行的物流。广义的国际物流研究的范围包括国际贸易物流、非贸易物流、国际物流合作、国际物流投资、国际物流交流等领域。其中，国际贸易物流主要是指定组织的货物在国际间的合理流动；非贸易物流是指国际展览与展品物流、国际邮政物流等；国际物流合作是指不同国别的企业完成重大的国际经济技术项目的国际物流；国际物流投资是指不同国家物流企业共同投资建设国际物流企业；国际物流交流主要是指物流科学、技术、教育、培训和管理方面的国际交流。

狭义的国际物流主要是指当生产消费分别在两个或两个以上的国家（或地区）独立进行时，为了克服生产和消费之间的空间距离和时间间隔，对货物（商品）进行物流性移动的一项国际商品交流活动，从而完成国际商品交易的最终目的，即实现卖方交付单证、货物和收取货物。

国际物流的实质是根据国际分工的原则，依照国际惯例，利用国际化的物流网络、物流设施和物流技术，实现货物在国际的流动与交换，以促进区域经济的发展与世界资源的优化配置。国际物流的总目标是为国际贸易和跨国经营服务，即选择最佳的方式与路径，以最低的费用和最小的风险，保质、保量、适时地将货物从某国的供方运到另一国的需方。

二、国际物流的特点

1. 物流环境存在差异

国际物流的一个非常重要的特点是各国物流环境的差异，尤其是物流软环境的差异。不同国家的不同物流法律使国际物流的复杂性远高于一国的国内物流，甚至会阻断国际物流；不同国家、不同经济和科技发展水平会造成国际物流处于不同科技条件的支撑下，甚至有些地区根本无法应用物流技术而迫使国际物流整个系统水平的下降；不同国家、不同标准也造成国际间接轨的困难，因而使国际物流系统难以建立；不同国家的风俗人文也使国际物流受到很大局限。

由于物流环境的差异就迫使国际物流系统需要在不同法律、人文、习俗、语言、科技、设施的环境下运行，这无疑会大大增加物流的难度和系统的复杂性。

2. 物流系统范围广

就物流本身而言，其功能要素、系统与外界的沟通就已十分复杂，而国际物流又增加了不同国家的要素，所涉及的内外因素繁多，所需的时间更长，涉及范围更广风险也更增大了。

3. 有国际化信息系统支持

国际化信息系统是国际物流，尤其是国际联运非常重要的支持手段。国际信息系统建立的难度大，体现在管理困难和投资巨大上。另外，由于世界上有些地区物流信息水平较高，有些地区较低，所以会出现信息水平不均衡的现象，阻碍信息系统的建立。

当前，建立国际物流信息系统一个较好的办法是和各国海关的公共信息系统联机，以便及时掌握有关各个港口、机场和联运线路、站场的实际状况，为供应或销售物流决策提供支持。国际物流是最早发展EDI（电子数据交换）的领域，以EDI为基础的国际物流将会对物流的国际化产生重大影响。

4. 标准化要求较高

要使国际间物流畅通起来，统一标准是非常重要的。可以说，如果没有统一的标准，国际物流水平是提不高的。目前，美国、欧洲基本实现了物流工具、设施的统一标准，如托盘采用1000mm×1200mm规格，集装箱的几种统一规格及条码技术等，这样一来，大大降低了物流费用，降低了转运的难度。在物流信息传递技术方面，欧洲各国不仅实现企业内部的标准化，而且实现了企业之间及欧洲统一市场的标准化，这就使欧洲各国之间的系统比其与亚、非洲等国家交流起来更简单、更有效了。

三、国际物流的发展趋势

由于现代物流业对一国经济发展、国家竞争实力增强和国民生活水平提高有着重要的影响，因此，世界各国都十分重视物流业的现代化和国际化，从而使国际物流发展呈现出一系列新的趋势和特点。

1. 系统更加集成化

将整个物流系统打造成一个高效、通畅、可控制的流通体系，以此来减少流通环节，节约流通费用，达到实现科学的物流管理、提高流通的效率和效益的目的，以适应在经济全球化背景下“物流无国界”的发展趋势。当前，国际物流向集成化方向发展主要表现在两个方面：一是大力建设物流园区，二是加快物流企业整合。物流园区建设有利于实现物流企业的专业化和规模化，发挥它们的整体优势和互补优势；物流企业整合，特别是一些大型物流企业跨越国境展开横联纵合式的并购，或形成物流企业间的合作并建立战略联盟，有利于拓展国际物流市场，争取更大的市场份额，加速该国物流业深度地向国际化方向发展。

2. 管理更加网络化

在系统工程思想的指导下，以现代信息技术提供为条件，强化资源整合和优化物流过程是当今国际物流发展的最本质特征。信息化与标准化这两大关键技术对当前国际物流的整合与优化起到了革命性的影响。同时，又由于标准化的推行，使信息化的进一步普及获得了广泛的支撑，使国际物流可以实现跨国界、跨区域的信息共享，物流信息的传递更加方便、快捷、准确，加强了整个物流系统的信息连接。

3. 标准更加统一化

国际物流的标准化是以国际物流为一个大系统，制定系统内部设施、机械装备、专用工具等各个分系统的技术标准；制定各系统内分领域的包装、装卸、运输、配送等方面的工作标准；以系统为出发点，研究各分系统与分领域中技术标准与工作标准的配合性；按配合性要求，统一整个国际物流系统的标准；最后研究国际物流系统与其他相关系统的配合问题，谋求国际物流的大系统标准的统一。

4. 配送更加精细化

随着现代经济的发展，各产业、部门、企业之间的交换关系和依赖程度也越来越错综复杂，物流是联系这些复杂关系的交换纽带，它使经济社会的各部分有机地联结起来。在市场需求瞬息万变和竞争环境日益激烈的情况下，要求物流在企业和整个系统中具有更快的反应速度和协同配合能力。

5. 园区更加便利化

为了适应国际贸易的急剧扩大，许多发达国家都致力于港口、机场、铁路、高速公路、立体仓库的建设，一些国际物流园区也因此应运而生。这些园区一般选择靠近大型港口和机场兴建，依托重要港口和机场，形成处理国际贸易的物流中心，并根据国际贸易的发展和要求，提供更多的物流服务。

6. 运输更加现代化

国际物流的支点离不开运输与仓储。而要适应当今国际竞争快节奏的特点，仓储和运输都要求现代化，要求通过实现高度的机械化、自动化、标准化手段来提高物流的速度和效率。国际物流运输的最主要方式是海运，有一部分是空运，但它还会渗透在国内的其他一部分运输，因此，国际物流要求建立起海路、空运、铁路、公路的“立体化”运输体系，来实现快速便捷的一条龙服务。总之，融合了信息技术与交通运输现代化手段的国际物流，对世界经济运行将继续产生积极的影响。

四、我国国际物流的现状

（1）物流基础设施不够完善。

目前，我国的公路、铁路依然不能赶上欧美，海运业务量虽然逐年增加，上海、深圳等港口吞吐量日益增长，但总体上看我国国际物流基础设施依然不够完善，有很多地方有待提高。

（2）粗放经营的模式尚未根本改变。

我国物流发展相对缓慢，目前尽管政府高度重视，但物流发展步伐尚未跟上经济发展步伐，现代物流运作模式有待改善，物流运作效率有待提高。同时，物流服务社会化程度较低，物流企业“小、散、差”问题还比较突出。国内运输管理不够完善，特殊货品储运能力不强。

（3）物流企业信息化程度仍然不高。

目前，中国市场上物流企业参差不齐，很多企业信息化程度不够。尽管有些大型物流企业建立了现代化储运中心，但在管理方面依然采用传统方式，利用现代化信息程度不高。小企业信息化程度更为单一。

（4）功能单一，缺乏特色。

经济的快速发展对物流服务业提出了更高的要求，物流企业不仅要提供门到门运输及有关的基本服务，还要实行一体化物流和供应链管理模式，提供从生产材料采购到产品送达消费者的一整套服务系统，包括相关的物流延伸服务，如包装、加工、配货等方面。中国物流业虽然已经认识到客服的作用，但是因管理制度、管理模式等条件的限制，无法做到更完善的服务。

（5）物流专业人才缺乏，并不断流失。

由于物流行业发展的特色，岗位层次不一，很多基础的物流岗位严重缺人。大量物流公司人才流动频繁，专业人才极其缺乏。

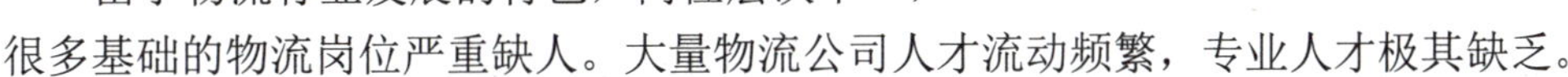

（6）物流发展的环境需要进一步改善。

1）体制方面的障碍。物流的产业形态和行业地位不明确，物流组织布局分散，物流资源和市场条块分割，地方封锁和行业垄断等对资源整合与一体化运作形成体制性障碍。

2）政策环境的影响。由于物流产业的复合性，造成了与物流有关的政策分属不同部门，缺乏统一、透明的产业政策体系。

任务实施

活动：总结国际物流业务。

步骤一：分析广州市荣信经贸发展有限公司的业务。各组讨论广州市荣信经贸发展有限公司的业务是否属于国际物流业务？该项业务具有哪些主要特征？该项业务的重难点在哪里？

步骤二：讲解国际物流业务。各组总结国际物流业务包含的内容，并对国际物流业务内容进行合理分类，结合现实中的案例，用演示文稿来说明国际物流业务。可从国际运输、国际仓储、流通加工、信息处理、报关报检等方面重点描述当前的国际物流业务，并结合当地特色分析当地的国际物流业务

步骤三：分析中国目前国际物流发展的状况。结合当地的国际物流的发展形势，分析国际物流发展的现状与未来。在分析过程中，各组可使用SWOT分析法进行总结。

步骤四：展示。各组用演示文稿演示作业情况，分别解说各自的观点，对国际物流业务及国际物流发展现状进行深刻剖析，要能够结合当前国际经济形势和地区经济特点。

步骤五：评价、总结。教师组织学生进行互评和自评，并根据学生的表现进行点评，综合分析国际物流发展的特点和未来发展趋势。

应用训练

假设广州市荣信经贸发展有限公司在你所在的城市开设分公司，请去当地最大的超市、商场就当地进出口商品的价格、产地、种类、生产期等进行产品、市场调查、整理，分析当地进出口市场的情况，展望未来分公司的发展方向。

拓展提升

国际物流体系的组成

国际物流体系由以下几个基础系统组成。

（1）运输系统。国际货物运输是国际物流系统的核心。国际运输主要是运输方式的选择、运输单据的处理以及投保等方面。国际运输方式很多，如陆运、海运、空运等，具有环节多、涉及面广、手续繁杂、风险大、成本高、时间性强等特点。

（2）仓储系统。商品的储存和保管使商品在流通中处于一种相对静止的状态，这种静止是国际物流必要的基础条件。它主要是在各国的保税区、保税仓库、海关监管仓库、堆场进行的，主要涉及保税制度、保税仓库、堆场建设等方面。从物流的角度看，应尽量减少储存时间、数量，加速货物和资金周转，保证客户需要，实现国际物流的高效率运转。

（3）商品检验通关系统。商品检验通关是国际物流的重要系统，商品检验证和通关文件也是议付货款的重要单据之一。在国际货物买卖合同中，一般都订有商品检验条款，其主要内容有检验时间与地点、检验机构、检验证明、检验标准与检验方法等。

（4）流通加工系统。流通加工是国际物流中具有特殊意义的物流形式，其作用是使商品更好地满足消费者的需求，主要在出口工厂、保税区和保税仓库进行。它反映了一个物流供应商的综合科技文化水平。

（5）信息系统。国际物流信息的主要内容包括进出口单证的操作信息、支付方式信息、客户资料信息、市场行情信息等，特点是信息量大、时间性强、交换频繁。信息的作用是使国际物流向更低成本、更高服务、更大量化、更精细化方向发展，许多重要的物流技术都是靠信息才得以实现的，国际物流活动的每个环节都要以信息作支撑。国际贸易中EDI的发展是一个重要趋势，强调EDI在国际物流系统中的应用，建设国际贸易和跨国经营的信息高速公路，适应国际多式联运和“精细物流”的要求，是国际物流信息系统发展的方向。

任务评价

项　　目	任务内容	结　　果
知识水平	1. 认识国际物流，5分 2. 了解国际物流的特点，10分 3. 了解国际物流的趋势，10分	
拓展能力	1. 分析我国国际物流的现状，10分 2. 举例说明当前你所在城市的国际物流现状，20分	
实践能力	1. 总结国际物流业务，20分	
	2. 分析当地国际物流发展状况，25分	

综合评价：

知识考核	技能考核	实操考核	综合得分
□1□2□3□4□5	□1□2□3□4□5	□1□2□3□4□5	

教师签字：　　　　　　年　　月　　日

任务二　掌握国际贸易方式

任务目标

知识目标

1. 掌握国际贸易方式的内容
2. 熟悉不同贸易方式的特点
3. 掌握不同贸易方式的区别与联系

能力目标

1. 能够正确选择合适的贸易方式
2. 具备分析贸易方式优势和劣势的能力

任务描述

广州市荣信经贸发展有限公司是有吊灯进出口经营权的贸易公司，该公司欲与澳大利亚雅夫有限公司建立合作关系。荣信公司业务部王天自接到公司任务后，着手准备洽谈工作。在联系雅夫公司Mary小姐之前，王天首先要对自己公司的吊灯业务进行充分的了解。双方采取何种贸易方式比较合理呢？为了确保合作万无一失，王天对国际贸易的方式进行了总结。

知识准备

国际贸易方式是指国际贸易中采用的各种方法。随着国际贸易的发展，其范围不断扩大，贸易方式也日趋多样化。除采用逐笔售定的方式外，还有经销、代理、寄售、拍卖、招标与投标、加工贸易、补偿贸易、易货贸易等。

一、经销

经销是指出口企业与国外进口商达成书面协议，规定进口商在特定地区和一定期限内，至少达到一定销售额的经营、销售出口企业某些商品的贸易方式。

1．经销的方式

（1）独家经销，也称包销，是指出口企业授予国外进口商在规定的期限和地域内的独家经销权。出口企业与国外进口商签订独家经销书面协议后，就不得再与该地区的其他进口商签订经销协议。

（2）一般经销，也称定销，是指出口商不授予国外进口商独家经销权的经销方式。出口商与国外进口商签订经销协议后，还可与该地区的其他进口商签订经销协议。

2．经销的特点

（1）经销商与供货方是买卖关系。独家经销商自行销售、自负盈亏、自担风险。

（2）出口商不得向经销地区内的其他客户出售同样商品，进口商不得在经销地区之外的销售场所经销商品。

二、代理

代理是指出口方通过签订代理协议，将商品委托给国外客户（代理人），委托其在一定地区和一定时间内为出口方代售商品、招揽生意或处理有关事宜的一种贸易方式。

1．代理的方式

根据委托人授权的大小，可将代理分为以下几种。

（1）总代理是在指定地区委托人的全权代理。总代理除了有权代理委托人签订买卖合同、处理货物等商务活动外，也可进行一些非商业性的活动。总代理有权指派分代理，并可分享代理的佣金。

（2）独家代理是在代理协议规定的时间、地区内对指定商品享有专营权的代理人，即委托人不得

在以上范围内自行或通过其他代理人进行销售。

（3）佣金代理，又称一般代理，是指在同一代理地区、时间及期限内，同时有几个代理人代表委托人行为的代理。佣金代理根据推销商品的实际金额、协议规定的办法和百分率向委托人计收佣金，委托人可以直接与该地区的实际买主成交，也无须给佣金代理佣金。

2. 代理的特点

（1）代理人和委托人之间是委托—代理关系，而不是买卖关系。代理人只能在委托人的授权范围内，代表委托人从事商业活动，而不以自己的名义与第三者签订合同。

（2）代理人通常是运用委托人的资金从事业务活动，他不承担经营风险，不负责盈亏，只根据销售商品的总金额获取佣金。

（3）委托人能根据市场变化情况，主动掌握成交价格、销售数量等其他交易条件。但是，代理人如果没有经营能力或不尽责任，就会影响销售，价格风险也较大。另外，在付佣代销的情况下，委托人的资金往往被代理人长期占用，周转较慢。

三、寄售

寄售是一种委托代售的贸易方式，指寄售人先将货物运往寄售地，委托国外约定的代销人，按照寄售协议的条件代为出售商品，货款由代销人在货物出售后扣除佣金和其他费用，向寄售人结算的一种做法。

寄售的特点主要体现在以下几方面：

（1）寄售人与代销人是委托代售关系。

（2）寄售是凭实物进行的现货交易。

（3）代售人不承担任何风险和费用，货物售出前的一切风险和费用均由寄售人承担。

四、拍卖

拍卖是由专营拍卖业务的拍卖行接受货主的委托，在一定时间和地点，按照一定的章程和规则，以公开叫价的方法进行竞买，最后由拍卖人把货物卖给出价最高的买主的一种现货交易方式。

1. 拍卖的种类

拍卖按出价方法的不同，可以分为以下三种：

（1）增价拍卖（或称英式拍卖）。

（2）减价拍卖（或称荷兰式拍卖）。

（3）密封递价拍卖（或称招标式拍卖）。

2. 拍卖的特点

（1）拍卖是一种公开竞买的现货交易。

（2）拍卖是在一定的机构内有组织地进行的。

（3）拍卖具有自己独特的法律和规章。

五、招标与投标

招投标是招标和投标的简称。招标是指招标人（买方或发包方）通过招标机构发出招标公告，提出拟采购的商品名称、规格、数量和有关买卖条件，或提出发包工程的具体要求，邀请投标人（卖方或承包商）报出愿意成交的交易条件的行为。投标是指投标人应招标人的邀请，根据招标公告的规定条件，在规定的时间内向招标人报出愿意成交的交易条件的行为。招投标是一种贸易方式的两个方面。

招投标主要有以下特点。

（1）招标方式下，投标人是按照招标人规定的时间、地点和条件进行的报盘。这种报盘是对投标人有约束力的法律行为，一旦投标人违约，招标人可要求得到补偿。

（2）招标投标属于竞卖方式，即一个买方对多个卖方。卖方之间的竞争使买方在价格及其他条件上有较多的比较和选择，从而在一定程度上保证了采购商品的最佳质量。

六、加工贸易

加工贸易是一国通过各种不同的方式，进口原料、材料或零件，利用本国的生产能力和技术，加工成成品后再出口，从而获得以外汇体现的附加价值。

加工贸易主要包括来料加工、进料加工和来件装配。

（1）来料加工。它通常是指加工一方由国外另一方提供原料、辅料和包装材料，按照双方商定的质量、规格、款式加工为成品，交给对方，自己收取加工费。有的是全部由对方来料，有的是一部分由对方来料，一部分由加工方采用本国原料的辅料。

（2）进料加工。进料加工是指国内有外贸经营权的单位用外汇进口部分或全部原料、材料、辅料、元器件、配套件和包装物料加工成半成品或成品后再返销出口的业务。

（3）来件装配。它是指由外商提供产品的主要器件、零配件、辅助件，由承接方企业按外商的要求组装成成品后，交给外商销售，承接方只收工缴费（加工费和装配费）的交易。

七、补偿贸易

补偿贸易又称产品返销，指交易的一方在对方提供信用的基础上进口设备，然后以该设备所生产的产品，分期抵付进口设备的价款及利息。

补偿贸易一般有以下几个特点。

（1）信贷是进行补偿贸易必不可少的前提条件。

（2）设备供应方必须同时承诺回购设备进口方的产品或劳务。

在信贷基础上进行设备的进口并不一定构成补偿贸易，补偿贸易不仅要求设备供应方提供信贷，同时还要承诺回购对方的产品或劳务，以使对方用所得货款偿还贷款。这两个条件必须同时具备，缺一不可。

（3）进行补偿贸易，双方须签订补偿贸易协议。

八、易货贸易

易货贸易是指在换货的基础上，把等值的出口货物和进口货物直接结合起来的贸易方式。易货贸易比较灵活。

任务实施

活动一：分析国际贸易方式。

步骤一：讨论国际贸易方式的优缺点。教师布置任务，要求各学习小组讨论经销、代理、寄售、招投标、拍卖、期货、易货、加工贸易等贸易方式的优缺点。

步骤二：制表说明。各小组根据分析结果，通过思维导图或列表形式分析几种国际贸易方式的优缺点，同时指出这些贸易方式适合的情况。

步骤三：讲解贸易方式。教师组织抽签，由各学习小组随机抽取，分别讲解经销、代理、寄售、招投标、拍卖、加工贸易。

步骤四：互评、教师点评。教师组织各组进行互评、自评，并就学生表现进行现场评价。

活动二：拍卖会。

步骤一：策划拍卖会。教师组织各小组组织策划一场拍卖会。各组可以自行决定拍卖品。各小组能够依据拍卖的原则，充分领会拍卖流程，不得违反拍卖的相关规定。

步骤二：选举拍卖师和指定拍卖品。各小组推举出自己的最佳拍卖师和拍卖品。拍卖师要充分做好自己的拍卖工作，要能够详细、真实地展示拍卖品。熟悉流程，并认真组织拍卖过程，同时要充分调动参拍人员的积极性。各组选择拍卖的商品要有特色，能够充分体现拍卖品的价值，有拍卖的空间。

步骤三：抽签。教师组织各组抽签，决定拍卖顺序。各组准备拍卖道具及布置拍卖场景。

步骤四：拍卖活动开展。各组依拍卖顺序展开拍卖活动，教师摄像。

步骤五：评价。教师组织各组进行互评与自评，最后总结评价。

应用训练

广州市荣信公司想要将为其旗下的所有吊灯品牌做一次展销活动，期间好几家展销商都有意向。为了公平竞争，获取公司发展的最大利益，荣信公司业务部决定采取招标方式进行。请代荣信公司写一份招标书发给各大展销商。

拓展提升

期　货

期货是现在进行买卖，但在将来进行交收或交割的标的物，这个标的物可以是某种商品，如黄金、原油、农产品，也可以是金融工具，还可以是金融指标。

交收期货的日子可以是一星期之后，一个月之后，三个月之后，甚至一年之后。买卖期货的合同或者协议称做期货合约。

买卖期货的场所称做期货市场。投资者可以对期货进行投资或投机。对期货的不恰当投机行为，例如无货沽空，可以导致金融市场的动荡。

任务评价

项　目	任务内容		结　果
知识水平	1. 了解国际贸易方式的概念，5分 2. 了解国际贸易方式的种类，10分		
拓展能力	举例说明各种贸易方式，20分		
任务实施	1. 分析国际贸易方式，30分 2. 模拟举办拍卖会，35分		
综合评价：			
知识考核	技能考核	实操考核	综合得分
□1□2□3□4□5	□1□2□3□4□5	□1□2□3□4□5	
教师签字：			年　月　日

任务三　了解国际贸易术语

任务目标

知识目标

1. 了解国际贸易术语的作用
2. 熟悉几种常见的贸易术语
3. 掌握贸易术语的应用

能力目标

1. 能够正确选择贸易术语
2. 熟悉贸易术语所表达的责任、风险、费用
3. 能分析解决贸易术语引发的纠纷

任务描述

荣信公司业务部王天在准备与澳大利亚雅夫公司的商贸洽谈过程中，考虑最多的是风险如何规避。互不相识的双方，相隔又很遥远，彼此的经济文化环境不同，法律规定也不尽相同，风险是很大的。作为卖方，荣信公司的责任在哪里终止，在国际运输中都要承担哪些费用，风险自哪里结束，都是需要去考虑的问题，这些也是谈判中很重要的问题。你能帮助他解决吗？

知识准备

一、国际贸易术语的概念

贸易术语，又称价格术语、交货条件，是在国际贸易实践中逐渐形成的用以确定买

卖标的物的价格、买卖双方各自承担的费用、风险、责任范围，以英文缩写表示的专门术语。其说明的责任、费用和风险表现如下。

（1）责任是指因交货地点不同而产生的租船订舱、装货、卸货、投保、申请进出口许可及报关等项事宜。

（2）费用是指因货物的移动而产生的运杂费、保险费及仓储费等。

（3）风险是指由于各种原因导致货物被盗、串味、锈蚀、水渍和灭失等危险。

贸易术语是一种国际惯例，具有任意性，即只有当事人选择使用，才对当事人具有约束力。贸易术语的主要作用在于简化当事人贸易谈判的缔约过程，便于确定买卖双方当事人的权利义务。

二、国际贸易术语的种类

目前，国际上遵循《2010年国际贸易术语解释通则》（以下简称《2010通则》），它于2011年1月1日起实施，共有11个贸易术语，分为两大类，主要涉及货物的运输、风险划分、投保义务、交货地点、出口进口结关手续及费用负担、装卸货义务及适用的运输方式等内容。

第一组：适用于任何运输方式的七种术语。

（1）EXW（ex works）：工厂交货。

（2）FCA（free carrier）：货交承运人。

（3）CPT（carriage paid to）：运费付至目的地。

（4）CIP（carriage and insurance paid to）：运费、保险费付至目的地。

（5）DAT（delivered at terminal）：目的地或目的港的集散站交货。

（6）DAP（delivered at place）；目的地交货。

（7）DDP（delivered duty paid）：完税后交货。

第二组：适用于水上运输方式的四种术语。

（1）FAS（free alongside ship）：装运港船边交货。

（2）FOB（free on board）：装运港船上交货。

（3）CFR（cost and freight）：成本加运费。

（4）CIF（cost insurance and freight）：成本、保险费加运费。

三、几种常用的国际贸易术语

1. FOB（装运港船上交货）

FOB也称“离岸价”。按FOB成交，由买方负责派船接运货物，卖方应在合同规定的装运港和规定的期限内，将货物装上买方指定的船只，并及时通知买方。货物在装上船后，风险即由卖方转移至买方。当货物在指定的装运港越过船舷，卖方即完成交货。这意味着买方必须从该点起承担货物灭失或损坏的一切风险。FOB要求卖方办理货物出口清关手续。

（1）FOB条件下，风险划分界限是装上船。装上船后，卖方责任即告终止，后面所有的风险由买方承担。

（2）FOB条件下，主要运费、保险费由买方承担，买方租船订舱，买方购买保险。

（3）FOB条件下，如果买方租船订舱不方便，可请卖方代办，但卖方不承担能否订到的风险。

（4）卖方装完船后，必须发出书面的装船通知给买方，才算完成卖方义务。

（5）FOB只适用于水运，FOB后接装运港。

2. CFR（成本加运费）

CFR是指卖方必须负担货物运至约定目的港所需的成本和运费。这里所指的成本相当于FOB价，故CFR是在FOB价的基础上加上装运港至目的港的通常运费。

（1）CFR条件下，风险划分界限是装上船。装上船后，卖方责任即告终止，后面所有的风险由买方承担。

（2）CFR条件下，主要运费由卖方承担，保费由买方承担。

（3）CFR条件下，卖方装完船后必须发出书面的装船通知给买方，才算完成卖方义务。

（4）CFR只适用于水运，CFR后接目的港。

3. CIF（成本加运费和保费）

按CIF成交，货价的构成因素中包括从装运港至约定目的港的通常运费和约定的保险费，故卖方除具有与CFR相同的义务外，还要求卖方办理货运保险，交付保险费。按一般国际贸易惯例，卖方投保的保险金额应按CIF价加成10%。

（1）CIF条件下，风险划分界限是装上船。装上船后，卖方责任即告终止，后面所有的风险由买方承担。

（2）CIF条件下，主要运费、保费均由卖方承担。

（3）CIF条件下，卖方购买的保险为平安险、水渍险、一切险中的一种，如果买方需要加保险，卖方可以代加，但由此产生的费用由买方承担。

（4）CIF只适用于水运，CIF后接目的港。

（5）CIF是一种象征性交货。

4. FCA（货交承运人）

FCA是指卖方应负责将其移交的货物办理出关后，在指定的地点交付给买方指定的承运人照管。根据商业惯例，当卖方被要求与承运人通过签订合同进行协作时，在买方承担风险和费用的情况下，卖方可以照此办理。FCA适用于各种运输方式，包括公路、铁路、江河、海洋、航空运输以及多式联运。

（1）FCA条件下，风险划分界限是货物交给买方指定承运人。

（2）FCA条件下，主要运费、保费均由买方承担。

（3）FCA条件下，若卖方在其所在地交货，则卖方应负责装货；若卖方在任何其他地点交货，卖方不负责卸货。若买方指定承运人以外的人领取货物，当卖方将货物交给此人时，即视为已履行了交货义务。

（4）FCA适用于各种运输方式。

5. CPT（运费付至）

CPT是指卖方向其指定的承运人交货，还必须支付将货物运至目的地的运费。

（1）CPT条件下，风险划分界限是货物交给买方指定承运人。

（2）CPT条件下，主要运费由卖方承担，保费由买方承担。

（3）CPT适用于各种运输方式，包括公路、铁路、江河、海洋、航空运输以及多式联运。

（4）卖方将货物交给承运人之后，应及时向买方发出货已交付的通知，以便买方能及时办理保险及在目的地领取货物。

（5）在CPT术语后面要注明双方约定的目的地名称，它可以是两国的边境，也可以是进口国的港口，还可以是进口国的内陆地点，如CPT Beijing。

6. CIP（运费、保费付至）

CIP是指卖方向其指定的承运人交货，还必须支付将货物运至目的地的运费，也即买方承担卖方交货之后的一切风险和额外费用。但是，按照CIP方式交易，卖方还必须办理买方货物在运输途中灭失或损坏风险的保险。

（1）CIP条件下，风险划分界限是货物交给买方指定承运人。

（2）CIP条件下，主要运费、保费由卖方承担。

（3）CIP适用于各种运输方式，包括公路、铁路、江河、海洋、航空运输以及多式联运。

（4）CIP只要求卖方投保最低限度的保险险别。如买方需要更高的保险险别，则需要与卖方明确地达成协议，或者自行购买额外的保险。

（5）在CIP后面要注明双方约定的目的地名称，它可以是两国的边境，也可以是进口国的港口，还可以是进口国的内陆地点。

任务实施

活动：贸易术语的比较与应用。

步骤一：填写表1-1，分析不同贸易术语的异同。

表1-1　不同贸易术语比较

价格条件	中文全称	风险转移	交货地点	运　费	保险费	适用的运输方式
EXW						
FCA						
FAS						
FOB						
CFR						
CIF						
CPT						
CIP						
DAT						
DAP						
DDP						

步骤二：分别对比FOB/CFR/CIF与FCA/CPT/CIP的异同。分别从贸易术语适合的运输形式、承担的责任、责任划分范围、费用承担情况、租船订舱、办理保险负责情况等方面进行对比。

步骤三：分析下列案例。

（1）某公司以CIF出口一批罐头。①合同签订后，接到买方来函，声称合同规定的目的港最近发生暴乱，要求我方在办理保险时加保战争险，我公司该如何处理？②这批货物运抵后，我方接到买方支付货款的通知，声明：因货物在运输途中躲避风暴而增加的运费已代我公司支付给船公司，所以所付款项中已扣除此项费用，对此，我公司该如何处理？

（2）某出口公司按CIF向伦敦英商出售一批核桃仁，由于该商品季节性较强，双方在合同中规定，买方须于9月底前将信用证开到，卖方保证货运船只不迟于12月2日驶抵目的港。如货轮迟于12月2日抵达目的港，买方有权取消合同，如货款已收，卖方必须将货款退还买方。试分析合同中有关条款存在的问题。

应用训练

2013年7月28日，广州市荣信经贸发展有限公司接到一批海运货物，在选择贸易术语时王天遇到困难，他很纠结是选择FOB还是选择FCA。这两个术语的应用是否有区别？区别在哪里？请帮助王天选择合适的贸易术语。

____

____

____

拓展提升

象征性交货

所谓象征性交货，是针对实际交货（Physical Delivery）而言的。前者指卖方只要按期在约定地点完成装运，并向买方提交合同规定的包括物权凭证在内的有关单证，就算完成了交货义务，而无需保证到货。后者则是指卖方要在规定的时间和地点，将符合合同规定的货物提交给买方或其指定人，而不能以交单代替交货。在象征性交货方式下，卖方是凭单交货，买方是凭单付款，只要卖方按时向买方提交了符合合同规定的全套单据，即使货物在运输途中损坏或灭失，买方也必须履行付款义务。反之，如果卖方提交的单据不符合要求，即使货物完好无损地运达目的地，买方仍有权拒付货款。由此可见，CIF交易实际上是一种单据的买卖。所以，装运单据在CIF交易中具有特别重要的意义。但是必须指出，按CIF方式成交，卖方履行其交单义务，只是得到买方付款的前提条件，除此之外，还必须履行交货义务。如果卖方提交的货物不符合要求，买方即使已经付款，仍然可以根据合同的规定向卖方提出索赔。

象征性交货的三个基本特征如下。

（1）卖方凭单交货，买方凭单付款。

（2）卖方履行交单义务。只要卖方如期向买方提交了合同规定的全套合格单据，即使货物在运输途中损失或灭失，买方也必须履行付款义务。如果卖方提供单据不符合要求，即使货物完好无损地运达目的地，买方仍可拒绝付款。

（3）卖方履行交货义务。如果货物运达目的地时不符合要求，即使买方已经付款，仍可据合同规定向卖方提出索赔。

任务评价

项　目	任务内容		结　果
知识水平	1. 掌握国际贸易术语的概念，10分 2. 掌握国际贸易术语的种类，10分		
拓展能力	1. 常用贸易术语的应用，20分 2. 各贸易术语注意的问题，20分		
任务实施	1. 填表，10分 2. 案例分析，30分		
综合评价：			
知识考核	技能考核	实操考核	综合得分
□1□2□3□4□5	□1□2□3□4□5	□1□2□3□4□5	
教师签字：			年　月　日

任务四　洽谈及订立合同

任务目标

知识目标

1. 了解外贸洽谈的步骤
2. 掌握外贸洽谈的方法
3. 熟悉进出口合同的内容及结构

能力目标

1. 能够书写外贸往来函电
2. 能够组织进行国际商贸谈判
3. 熟悉合同条款，可以分析合同内容，找出潜在问题
4. 能组织签订合同

任务描述

王天在荣信公司工作时间尽管不长，但是很细心。在做好了充分的准备工作后，王

天准备与澳大利亚雅夫有限公司的Mary女士联系，开始洽谈业务。请问，王天应该选择什么样的方式与Mary联系呢？双方地处两个国家，相隔甚远，应该如何进行沟通与交流呢？

知识准备

外贸洽谈，又称外贸交易磋商，是指买卖双方采用函电或者口头商洽方式，对某种商品涉及的主要交易条件进行讨价还价，最后取得一致，达成交易的过程。

一、外贸洽谈

1. 洽谈方式

洽谈方式主要包括口头洽谈和书面洽谈。

（1）口头洽谈是指交易双方利用电话、面谈等方式进行口头磋商，达成协议。

（2）书面洽谈是指因地处两地，见面或通话不太方便，交易双方会选择书信、传真、电邮等形式进行书面交易磋商，达成协议。

2. 洽谈内容

交易双方会根据各自需要就交易商品的品名规格、数量、包装、价格、交货期、交货地点、支付方式、风险划分、办理保险等内容进行详细协商。

3. 洽谈程序

在国际货物买卖合同洽谈过程中，洽谈程序主要包括询盘、发盘、还盘和接受四个环节，如图1-1所示。其中，发盘和接受是达成交易必不可少的两个环节。

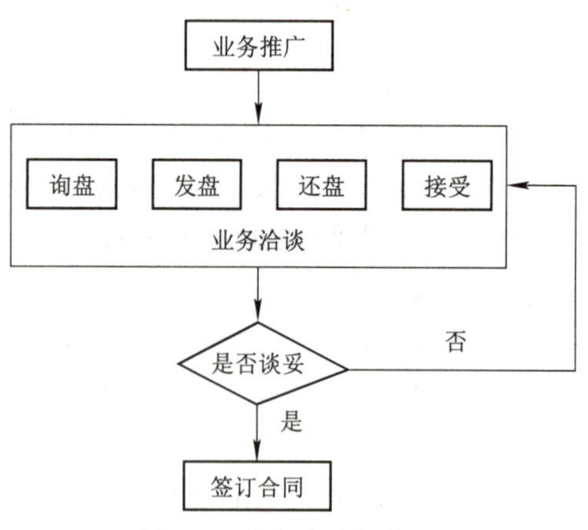

图1-1　外贸洽谈程序

（1）询盘。询盘是交易的一方打算购买或出售某种商品，向对方询问买卖该项商品的有关条件，或者就该项交易提出带有保留条件的建议。询盘主要是试探对方交易的诚意和了解其对交易条件的意见，内容涉及价格、规格、品质、数量、包装、交货期以及索取样品、商品目录等，而多数是询问价格，所以也称询价。如果是新客户，则必然有建立贸易关系的愿望，因此，往来函电中，除了说明要询问的内容外，一般还应告知信息来源（如何获得贸易伙伴的名址）、去函目的、本公司概述、产品介绍、激励性语言和期望，以达到使对方发盘的目的。询盘既可由卖方也可由买方发出，它对询盘人和被询盘人均无法律约束力。

（2）发盘。发盘是交易的发盘人，向受盘人提出购买或出售某种商品的各项条件，并愿意按照这些条件与对方达成交易、订立合同的行为。发盘可以是应对方的询盘作出的答复，也可以在没有邀请的情况下直接发出。要特别注意：发盘要有特定的受盘人；发盘的内容要十分确定；发盘要表明发盘人受其约束。

（3）还盘。还盘指受盘人对发盘内容不完全同意而提出修改或变更的表示。还盘可以针对价格，也可以针对其他条件。即一方在接到另一方发盘以后，可以就提高或降低价格、改变支付方式、改变交货期限等要求更改发盘内容。交易可以多次还盘与反还盘。需要注意的是，还盘是对发盘的拒绝，还盘一经做出，原发盘即失效，发盘人不再受其约束。一项还盘实际就是受盘人的一项新发盘。还盘做出后，还盘者处于发盘人的位置，原发盘人则变成了受盘人，其有权对还盘的内容进行考虑，决定接受、拒绝或再还盘。

（4）接受。接受指受盘人接到对方的发盘或还盘后，同意对方提出的条件，愿意与对方达成交易、订立合同的一种表示。也就是说，交易的一方完全同意对方发来的报盘或还盘的内容所作出的肯定表示。接受必须注意，接受必须由受盘人作出，接受的内容必须与发盘相符，要在有效期内接受。

二、订立合同

1．合同成立

在国际贸易中，当买卖双方就交易条件经过磋商达成协议后，合同即告订立。根据《联合国国际货物销售合同公约》的规定，接受送达发盘人时生效，接受生效的时间实际上就是合同成立的时间。合同一经订立，买卖双方即存在合同关系，彼此就应受合同的约束。

在实际业务中，有时双方当事人在洽商交易时约定合同成立的时间，以签约时合同上所写明日期为准，或以收到对方确认合同的日期为准，在这两种情况下，双方的合同关系即在签订正式合同时成立。

2．合同的结构

（1）合同首部，是合同的开始部分，也是合同的重要组成部分之一，其内容通常易被忽视，然而当争议发生时，这部分内容将起重大法律作用。合同首部包括：合同的名称与编号、签约的时间与地点、合同双方当事人的身份、签约意图、有关文件与事项、词语注释六项内容。

（2）合同正文，主要是品名、品质、数量、付款方式、交易条件、交货期限等条款。

（3）合同结尾。一部分内容是写明合同是以何种文字写成的，并注明不同文本的效力。另一部分在合同末尾签署栏，双方当事人或法定代表人须在签署栏内本企业名下依法签署，并书写上日期，随后合同即宣告成立。

3. 合同的主要条款

（1）商品名称条款。商品名称条款要注意，一般出口商品的名称应与进口国家海关提供的通用商品名称相吻合。

（2）商品品质条款。商品品质条款注意在凭标准交易时，应当写明所采用的标准名称、制定年份；凭规格交易时，应当写明公差或一定的机动幅度。

（3）商品数量条款。商品数量条款对于重量应说明是按毛重还是净重计算。对于实际交货数量与合同数量难于完全相符的商品，应列明交货数量的机动幅度、这部分如何计价，以及由谁来判定这部分的数量等内容。

（4）商品包装条款。商品包装条款应包括货物包装的式样、材料、费用的负担和运输标志。如合同规定由买方提供包装材料，则应规定买方提供的时间和到达卖方的最迟时限。特别是对于定牌包装，必须明确规定：如买方所提供的商标、牌号侵害了任何第三者的利益，卖方不负侵权、冒牌之责。

（5）商品检验条款。商品检验条款应包括检验机构、时间、地点、方法以及检验证书的效力。

（6）产权条款。产权条款对于交易商品的产权，卖方应在合同中给出明确的担保。

（7）价格条款。价格条款对价格的规定有固定价、暂定价、滑动价、暂不定价四种方法，一般多数合同采用固定价的方式。在国际贸易中，若使用的计价货币币值不稳，应在合同中订立汇率保值条款。

（8）买卖双方义务条款与贸易术语。买卖双方义务条款，通常卖方的义务主要是交付货物、移交与货物有关的单据和转移货物所有权三项。买方的义务主要是收取货物和支付货物价款。在国际贸易中，通常采用贸易术语，此时可以省略买卖双方的义务条款。

（9）交货与装运条款。交货与装运条款应包括交货的时间、地点、方式，装运的时间、方式，通知，装运港和目的港等事项。注意在国际贸易中，常用贸易术语FOB、CIF、CFR都是以装运时间作为交货时间，不需要分别作出规定。

（10）支付条款。支付条款要规定支付的金额和方式，使用信用证时应规定是何种信用证，并明确开证和送达时间，开证行必须为卖方接受的银行。

（11）异议与索赔条款。异议与索赔条款应规定对货物不符或违约提出异议或索赔时，必须具备的证据以及出证的机构、索赔的期限、方法和金额。

（12）不可抗力与免责条款。不可抗力与免责条款包括：不可抗力的事故范围、后果；出具事故证明的机构；发生事故后的通知期限等，最好订明不可抗力事故的种类。

（13）仲裁条款。仲裁条款应包括仲裁地点、机构、仲裁程序和费用以及裁决效力等。在国际贸易中，若双方国家政府间签订的贸易协定中有仲裁条款，则贸易合同中的仲裁条款可以省略。

（14）合同终止条款。合同终止条款可订明在双方认可的情况下合同终止的条件，或有效期满自动终止。

（15）特约条款或备注。特约条款或备注是双方达成的一些特殊协议和一些必要的备忘注释。

任务实施

活动一：荣信公司贸易磋商流程。

步骤一：王天收到澳大利亚雅夫有限公司Mary女士询盘信。

询　盘　信

亲爱的王先生：

您好！我从朋友处得悉贵公司有吊灯销售，现预购500件，请报实盘。

请于5日内回复有效。

Mary, YAFU CO., LTD.
2012年11月2日

步骤二：王天在作好充分的准备后，给Mary女士报盘。

发　盘　信

亲爱的Mary女士：

您好！贵公司2日函询问我公司吊灯价格，现报价如下，吊灯（DROPLIGHT），500件，每件110美元。

请于3日内回复有效。

荣信公司　王天
2012年11月5日

步骤三：雅夫公司Mary女士收到王天发盘后，觉得条件难以接受，于是又致函给王天进行还盘。

还　盘　信

亲爱的王先生：

您好！贵公司5日函吊灯价格偏贵，希望成交条件为：吊灯（DROPLIGHT），500件，每件100美元，CIF悉尼，见票付款的即期信用证，12月装船，发票金额110%上一切险。

请于3日内回复有效。

Mary, YAFU CO., LTD.
2012年11月7日

步骤四：王天收到Mary女士的还盘信后，觉得成交条件荣信公司可以接受，遂请示领导，领导表示同意。王天立即致函给Mary女士。

接　受　信

亲爱的Mary女士：

您好！贵公司7日函我方接受，请速开以我方为受益人的信用证。

请于3日内回复有效。

荣信公司　王天
2012年11月10日

步骤五：在接受了Mary女士的条件后，王天立即起草相关合同文本，如图1-2所示，传真至澳大利亚雅夫有限公司Mary女士处，请其签字盖章，确定合同，方便买方立即申请信用证。

广州市荣信经贸发展有限公司

销售合同

编号：RX20121110　　　　日期：2012年11月10日

致：澳大利亚雅夫有限公司

确认售予你方下列货物，其条款如下：

1）货物名称及规格、包装	2）数量	3）单价	4）总值
吊灯（DROPLIGHT）	500件	100美元	50 000美元
合同总额：伍万美元整			

5）装运：2012年12月装船

6）保险：发票金额110%上一切险

7）付款：见票付款的即期信用证

备注：

买方：澳大利亚雅夫有限公司　　　　卖方：广州市荣信经贸发展有限公司

2012年11月10日　　　　2012年11月10日

图1-2　广州市荣信经贸发展有限公司销售合同

活动二：荣信公司出口流程模拟。

步骤一：王天通知公司仓储部门备货。

步骤二：王天催促雅夫公司Mary女士申请开立以荣信公司为受益人的即期信用证，审核信用证内容，修改相关条款。

步骤三：王天寻找深圳宏大国际货运有限公司作为此单业务的货运代理承揽本次货运业务，签订委托代理协议。

步骤四：深圳宏大国际货运有限公司业务部苏姗在接受委托业务后，立即在深圳租船订舱，租订船名航次为COSCO YINGKOU/24，于12月装船。

步骤五：深圳宏大国际货运有限公司根据荣信公司王天提供的货物资料及相关合同、发票、信用证等，缮制单据，进行报关报检。

步骤六：深圳宏大国际货运有限公司为王天的500件吊灯按发票金额110%上一切险。

步骤七：深圳宏大国际货运有限公司安排顺利通关的货物装船，取得海运提单等货运单据。

步骤八：荣信公司王天凭提单等货运单据向银行议付，银行审核单据后支付荣信公司货款。

步骤九：深圳宏大国际货运有限公司通知澳大利亚雅夫有限公司货代船名航次为COSCO YINGKOU/24的船舶已到港，并提取货物。

步骤十：雅夫公司到开证银行付款赎单，提取货物。

步骤十一：荣信公司王天核销外汇。

以上业务是荣信公司此单500件吊灯的出口流程。请绘制流程图，并分角色模拟该笔业务的基本业务流程。

应用训练

下面是加拿大晨阳公司与武汉大洋公司洽商圆珠笔、钢笔、铅笔的往来函电。

① 5月4日来电：

CL32圆珠笔、CL42钢笔及CL52铅笔，请电告现价及可供数量，7月份装船。

② 5月5日去电：

贵方4号来函CL32圆珠笔，每支2.25美元；CL42钢笔，每支2.80美元；CL52铅笔，每支1.50美元。500只装一纸箱。

③ 5月6日来电：

贵方5号回电，我方颇感兴趣，每样预购3000支，7月份装船，请报实盘。

④ 5月7日去电：

收到贵方6日来函请于9号对此回复，CL32，2000支，每支2.25美元；CL42，2000支，每支2.80美元；CL52，3000支，每支1.50美元。7月装船，即期信用证付款。

⑤ 5月9日来电：

贵方7号来函，每种3000支，价格分别为2.10美元、2.50美元、1.40美元。6月份装船，见票30天付款信用证，请立即回复。

⑥ 5月10日去电：

5月份需求持续上涨，很遗憾贵方还盘价格太低。

⑦ 5月12日来电：

贵方10号递盘每种3000件，价格分别为2.12美元、2.55美元、1.43美元。保险为总价120%，一切险和战争险，其他条款同我方9号电，请于14日前电复。

⑧ 5月13日去电：

贵方12日来电，卖方再多涨5%。CL32，2000支，每支2.15美元；CL42，2000支，每支2.60美元；CL52，2000支，每支1.45美元。支付方式照例为即期信用证，请于15日回复。

⑨ 5月15日来电：

贵方13号来电，我方开立信用证，请电告我方合同号。

⑩ 5月16日去电：

收到你方15日电。销售确认书号码为93739830。

根据上述往来函电，完成下列问题：

（1）请判断上述函电中哪些是发盘，哪些是还盘？

（2）根据双方达成的条件，填制销售合同，如图1-3所示。

______________________公司

销售合同

编号： 日期： 年 月 日

致：

确认售予你方下列货物，其条款如下：

1）货物名称及规格、包装	2）数量	3）单价	4）总值
合同总额			

5）装运：

6）保险：

7）付款：

备注：

买方： 卖方：

年 月 日 年 月 日

图1-3 销售合同样本

拓展提升

我国进出口贸易合同的履行

在我国出口贸易中，多数按CIF条件成交，并按信用证支付方式收款，履行这种出口贸易合同，涉及面广，工作环节多，手续繁杂，且影响履行的因素很多。为了提高履行约率，各外贸公司必须加强同有关部门的协作与配合，力求把各项工作做到精确细致，尽量避免出现脱节情况，做到环环扣紧，井然有序。

履行出口合同的程序，一般包括备货、催证、审证、改证、租船、订舱、报关、报验、保险、装船、制单、结汇等工作环节。在这些工作环节中，以货（备货）、证（催证、审证和改证）、船（租船、订舱）、款（制单结汇）四个环节的工作最为重要。只有做好这些环节的工作，才能防止出现“有货无证”、“有证无货”、“有货无船”、“有船无货”、“单证不符”或违反装运期等情况。

我国进口货物，大多数是按FOB条件并采用信用证付款方式成交，按此条件签订的进口合同，其履行的一般程序包括开立信用证、租船订舱、接运货物、办理货运保险、审单付款、报关提货验收与交货和办理索赔等。

任务评价

项目	任务内容	结果
知识水平	1. 熟悉洽谈方式与程序，10分 2. 熟悉合同结构与内容，10分	
拓展能力	1. 灵活使用商贸洽谈方式，20分 2. 制定合同条款，20分	
任务实施	1. 填制销售合同，20分 2. 出口流程模拟，20分	

综合评价：

知识考核	技能考核	实操考核	综合得分
□1□2□3□4□5	□1□2□3□4□5	□1□2□3□4□5	

教师签字： 年 月 日

项目内容

项目二　国际货代业务操作

项目二　国际货代业务操作

面对全球经济一体化，货代和物流行业将按市场规则进行整合和裂变。货代是货运代理的简称，它接受客户委托，完成运输及与运输有关的环节的工作，是货主和运力供给者之间的桥梁和纽带。特别是国际货运代理，它承揽国际间的运输及相关业务，为促进本国及世界经济的发展起着重要作用。

任务一　了解国际货运代理

任务目标

知识目标

1. 掌握国际货代的特点
2. 了解国际货代的工作性质
3. 熟悉国际货代的工作内容

能力目标

1. 能正确认识、选择国际货运代理公司
2. 熟悉国际货代业务
3. 能解释说明货代工作

任务描述

2012年11月10日，广州市荣信公司与澳大利亚雅夫公司建立合作关系，雅夫公司从荣信公司购买吊灯500件，每件装一箱，共计500箱。货物总体积：14.08m^3，货物总重：1 000kg，净重：980kg，单价：USD100 PER PC CIF SYD。荣信公司业务部王天与雅夫公司负责人Mary女士签订合同后，王天立即着手履行合同。因国际业务涉及因素较多，王天所在荣信公司没有报关资格，王天觉得压力很大。部门主管看出王天的难处，提醒王天把这些国际运输及相关业务委托给国际货代企业即可，他们是专业办理国际业务的公司，操作熟悉。王天获悉后，联系了深圳宏达国际货运有限公司（以下简称宏达公司）。宏达货代业务部苏姗热情接待了王天，并详细介绍了宏达货代能为荣信公司提供的国际货运服务。

知识准备

一、国际货运代理的概念

国际货运代理是指接受进出口货物收货人、发货人或承运人的委托，以委托人的名义或者以自己的名义，为委托人办理国际货物运输业务及相关业务，并收取服务报酬的行业。

二、国际货运代理的特点

国际货运代理有其明显的行业特征和专业经营特点。

1. 专业性强

国际货运代理业是从国际贸易和国际航运中派生出来的行业，是两者有机结合的经济活动体。这也就决定了从事货代业务必须具备方方面面的知识，有广泛的社会联系，具备极强的专业知识和处事能力。

2. 单证繁多

单证业务贯穿于整个货运活动过程之中。通过业务单证缮制和流转，实现货运代理各个环节的运作、监管、控制和信息反馈，实现有形货物的接受、仓储、搬运、装卸、运输和交付的整个过程。货运代理工作，必须保证单证与货物一致。单证工作的好坏不仅直接关系到货运业务和物流链工作的完整，而且是货运纠纷诉讼法律的有效依据。

3. 涉及面广

国际货运活动跨越国界和地界，设计诸多专业领域，直接关系到各当事人的权益和经济利益，涉及诸多关系方：政府机构如海关、商品检验机构、动植物卫生检疫机构等；运输部门如船舶公司、航空公司、铁路运输公司、港口作业部门；客户如各专业贸易公司、经销商、厂矿企业；其他有业务协作关系的海内外同行等。由于业务的广泛性和操作的复杂性，使代理行为和公司的经营活动存在很大的风险性。所以，国际货运代理公司必须加强人事、业务、作业与财务管理，防止经营风险的发生。

4. 人才素质要求高

国际货运代理公司作为专业性和服务性很强的公司，要求其从业人员具有很强的专业性知识、业务技能，熟悉国际货运进出口，以及国际航运和海上货运的运作规则、惯例、货运单证及其流程，具有较好的业务疏通能力和财务知识。随着经济一体化的发展，货代行业越发需要 批能适应国际化经营与管理的人才队伍。

三、国际货运代理的法律地位

货代的法律地位将随着参与经营范围的变化而有所不同，其权利义务与法律责任也会相应变动，因此识别货代的法律地位对于货代业务中的当事各方均有重要影响。

根据货代在办理国际货运业务时使用名义的不同，货代的法律地位可以分为以下两种情况。

（1）以委托人名义，为托运人办理国际货物运输及相关业务。这是货代最原始的状态，他以单纯的托运人代理身份出现，产生的法律关系实际上就是民法上最普遍的直接代理，各当事方地位简单清楚。

（2）以自己的名义，为托运人办理国际货物运输及相关业务。这种情况下货代能以自己的名义与第三人订立合同，其前提是他和托运人之间存在合同关系，依据该合同性质，是委托合同还是运输合同，可以具体分为以下两种情况。

（1）托运人与货代订立的是委托合同。如图2-1所示，国际货运代理根据自己与托运人的委托合同，经由托运人授权，得以自己的名义办理货运。

委托合同　　　　运输合同
托运人———→国际货运代理———→第三人

图2-1　货代委托合同说明图

（2）托运人与货代订立的是运输合同。如图2-2所示，这时货运过程中存在两个运输合同。

运输合同a　　　　运输合同b
托运人———→国际货运代理———→第三人
（实际承运人）

图2-2　货代运输合同说明图

在运输合同a中，货代对托运人而言充当了承运人的角色；在运输合同b中，货代对实际承运人而言又充当了货主的角色。两个合同形成一个关系链，货代在其中分别处于不同的法律地位，承担不同的法律责任。如果发生纠纷首先要确定争议存在于哪一个合同中，再确定货代的角色与责任。这种法律关系特别是在货代充当无船承运人或多式联运经营人时更为常见。

另外，货代在实务中还可能以实际承运人（如在多式联运的部分区段实际承运货物）的身份出现，此时货代的法律地位已经突破了代理，成为当事人。

➲小提示

无船承运人

无船承运人即以承运人身份接受货主（托运人）的货载，同时以托运人身份委托班轮公司完成国际海上货物运输，根据自己为货主设计的方案路线开展全程运输，签发经过备案的无船承运人提单。

四、国际货运代理的业务范围

1. 为货主服务

（1）国际货代为发货人服务，主要业务包括以下内容。

1）向客户提供船期、航班、运价、出口报关所需单证等相关信息，选择最快、最省的运输方式和合理的运输路线、承运人，将货物运到目的地。

2）催促客户及时提供充足的单证以顺利通关，需要时代办货物保险。

3）与合适的承运人缔结运输合同，安排出运货物进港、仓储、计重和计量、检验、包装货物和标记等，将货物交给承运人。

4）跟踪货物出运情况，及时向委托人汇报。

5）代交运费及杂费，及时取得提单或运单并将它快速交给委托人或按其指示行事。

6）监管货物运输全过程直到货交收货人。

7）安排货物转运，记录货物灭失情况，协助收货人向有关责任方进行索赔。

（2）国际货代为收货人服务，主要包括以下内容。

1）接受委托，查询货物运达信息。

2）催促客户准备换单的单证及通关所需证件。

3）货物运达，及时办理进口清关、查验、提货等手续，代付关税及其他运杂费。

4）安排货物的运输、仓储、拆箱、分拨等事宜。

5）协助委托人就货物的短缺、损坏等向保险公司或承运人索赔。

2. 为承运人服务

（1）国际货代向承运人及时订好足够的舱位，议定对承运人和发货人都公平合理的费率，安排在适当时间交货以及以发货人的名义解决与承运人的运费账目等问题。

（2）国际货代与班轮公司的关系密切相关，越来越多的班轮公司给予国际货代一定的佣金，以此承认其在提高利润方面的有益作用。

（3）国际货运代理在空运业务上，充当航空公司的代理。

（4）作为多式联运经营人，它收取货物并签发多式联运提单，承担承运人的风险责任，对货主提供一揽子的运输服务。

3. 为海关服务

国际货代作为海关和客户的中间人办理有关进出口商品的海关手续。事实上，在许多国家，货运代理已取得当局的许可，办理海关手续，并对海关负责，负责在法定的单证中申报货物确切的金额、数量和品名，以便政府在这些方面的收入不受损失。

4. 为港口服务

货运代理接运整船货物或装运整船大部分货物，在合理流向的前提下可以争取船舶在货代所在地港口装卸，这就为港口争揽了一条船的货源。

货运代理在日常港口作业中也提供了大量服务，如完成货物和单证的正常交接、外贸集港、疏运、协助在港船舶做好集装箱管理和日常大量的车、船、货、港衔接组织工作。

五、货代从业人员的责任

1. 基本责任

（1）完成货物运输不直接承担责任。由他人签发货运单据，使用掌握的运输工具，或租用他人的运输工具，或委托他人完成货物运输，货代从业人员并不直接承担责任。

（2）根据与委托方订立的协议或合同规定，或根据委托方指示进行业务活动时，货代方应以通常的责任完成此项委托，尤其是在授权范围之内。

（3）如实汇报一切重要事项。

（4）负保密义务。

2. 责任期限

责任期限是指从接收货物时开始至到达目的地将货物交给收货人为止，或根据指示将货物置于收货人指示的地点作为完成并以履行合同中规定的交货义务为止。

3. 对合同的责任

国际货运代理人应对自己没有执行合同所造成的货物损失负赔偿责任。

4. 对仓储的责任

货代在接受货物准备仓储时，应在收到货物后给委托方收据或仓库证明，并在货物仓储期间尽其职责，根据货物的特性和包装选择不同的储存方式。

5. 委托方的权利

委托方应支付给货运代理人因货物的运送、保管、投保、保关、签证、办理单据等，以及为其提供其他服务而引起的一切费用，同时还应支付由于货运代理人不能控制的原因致使合同无法履行而产生的其他费用。

6. 除外责任

（1）由于委托方的疏忽或过失。
（2）由于委托方或其他代理人在装卸、仓储或其他作业过程中的过失。
（3）由于货物的自然特性或潜在缺陷。
（4）由于货物的包装不牢固、标志不清。
（5）由于货物送达地址不清、不完整、不准确。
（6）由于对货物内容申述不清楚、不完整。
（7）由于不可抗力、自然灾害、意外原因。

任务实施

活动：模拟宏达货代公司业务接洽现场。

步骤一：教师布置模拟场景。教师根据宏达货代公司业务情况，创建宏达货代公司业务部现场，或寻找合适的实训场所供学生进行业务洽谈。

步骤二：各组讨论，设计宏达货代公司业务接洽现场。各组讨论，设计宏达货代公司业务洽谈现场的具体布置，所需道具应由各组自行组织筹划准备。

步骤三：各组展示模拟王天与苏姗洽谈合作事宜。各组展示王天与苏姗洽谈的全过程。此过程中，相关的接待礼仪、公司布局、洽谈内容、洽谈结果均作为教师评价要素，学生应充分重视。

步骤四：点评。教师组织学生互评、自评，并总结评价，要求学生撰写实训总结。

应用训练

深圳宏达国际货运有限公司作为荣信公司的货运代理，承接荣信公司的货代业务。请用思维导图绘制宏达公司的国际货代业务范围，让荣信公司王天了解宏达公司所能承担的国际货运代理业务。

拓展提升

国际货运代理的主要行业组织

1. FIATA（国际货运代理协会联合会）

国际货运代理协会联合会，法文缩写FIATA，即菲亚塔。国际货运代理协会联合会于1926年5月31日在奥地利维也纳成立，总部设在瑞士苏黎世，是一个非营利性的国际货运代理行业组织，其目的是保障和提高货运代理在全球的利益。它被联合国及许多政府组织、权威机构和非政府的国际组织，如国际商会、国际航空运输协会、国际铁路联合会、国际公路运输联合会、世界海关组织等一致公认为是国际货运代理行业的代表。

FIATA每年举行一次世界性的代表大会，即FIATA年会。大会公布FIATA上年度的工作报告和当年的财务预算，并对一年内世界货运代理业所发生的重大事件进行回顾，探讨影响行业发展的紧迫问题，通过主要的法规和条例，促进世界贸易和货运代理业健康发展。

2. CIFA（中国国际货运代理协会）

CIFA是国际货运代理行业的全国性中介组织，于2000年9月6日在北京成立。CIFA的业务指导部门是商务部。作为联系政府与会员之间的纽带和桥梁，CIFA的宗旨是：协助政府部门加强对我国国际货代行业的管理；维护国际货代业的经营秩序；推动会员企业间的横向交流与合作；依法维护本行业利益；保护会员企业的合法权益；促进对外贸易和国际货代业的发展。

任务评价

项 目	任务内容	结 果
知识水平	1. 了解国际货代的特点，5分 2. 了解国际货代的法律地位，5分 3. 了解国际货代的业务范围，10分	
拓展能力	1. 能够介绍货运代理业务，15分 2. 能够分析各种类型的货代的优势、劣势，15分	
任务实施	模拟货代业务接洽，50分	

综合评价：

知识考核	技能考核	实操考核	综合得分
□1□2□3□4□5	□1□2□3□4□5	□1□2□3□4□5	

教师签字：　　　　年　　月　　日

任务二　掌握国际海运代理业务

任务目标

知识目标

1. 了解国际海运货运代理业务制度
2. 掌握国际海运货运代理业务的基本程序和操作流程

能力目标

1. 能够进行国际海运货运业务处理
2. 学会进出口商品海运货代业务操作流程

任务描述

荣信公司与宏达货代公司洽谈好合作意向，双方即签订委托协议。跟单员要求荣信公司提供购货合同、信用证等相关资料，吊灯500件，每件装一箱，共计500箱，货物总体积：14.08m^3，货物总重：1 000kg，净重：980kg，单价：USD100 PER PC CIF SYD。因本次货运买方要求海运，苏姗直接向王天介绍宏达货代公司对本单货物的具体操作流程。请结合相关知识说明海运货代出口流程。

知识准备

一、海运出口货代流程

海运出口货代工作涉及问题多、环节复杂，认真做好出口货代工作，了解和熟悉出口运输的各个环节和操作程序，直接关系到出口运输任务的完成和企业效益，对扩大出口、多创汇有着十分重要的意义。凡以CIF或CFR条件成交的出口货物，应由我方派船或订舱运输；凡以FOB条件成交的出口货物，则由买方派船运输。以下流程以CIF为标准。

1. 审核信用证中的装运条款

为使出口工作顺利进行，收到信用证后，必须审核证中有关的装运条款，如装运期、结汇期、装运港、目的港、能否转船与分批、是否指定船名、船籍和船级等。有的审核信用证要求提供各种证明，如离港证明书、航线证明书、船长接受随船单证收据等。对这些条款和规定，应根据我国政策、国际惯例、要求是否合理、我方能否办理来考虑接受或提出修改要求。具体说明如下：

（1）装运期必须订明年份月份，对船舶靠港很少的港口，应争取跨月装运。要结合商品性质，选择合适季节，如雨季不宜装烟叶、茶叶，夏季不宜装沥青、牛羊肉和橡胶，北欧、加拿大东岸不宜在冰冻期装运，热带地区不宜雨季装运。

（2）装运期与信用证的期限要一起考虑，一般来信后一定期限内装运，远洋运输不少于1个月，近洋航线不少于20天。特别注意避免“双到期”，即信用证有效期与装运期同时到期。一般情况下，结汇有效期应长于装运期10～15天，以便装船出提单后有足够时间办理结汇。

（3）出口货物的装运港，争取订为“中国港口”或订为几个中国港口，由卖方选择，灵活机动。

（4）在不用联运方式运输时，一般不接受内陆城市为目的地条款，应选择靠其最近的，且我方便于订舱的海港为目的港，在提单上注明“转运到××（内陆城市）”字样。

（5）出口到没有直达船的港口，要订明“允许转运”，对货量较大的商品为便于备货及配船，更应在信用证上规定“允许转船及分批装运”条款。不能接受买方指定中转港、二程船公司和船名条件，也不能接受在提单上注明中转港和二程船船名的条件。

（6）对买方提出货物限期运抵目的港的要求应予重视，但一般不同意规定运抵期限的条款，因为船舶在海上航行，很难保证到达目的港的准确时间，结果出口方很容易造成违约。

（7）关于指定船舶或限制航线的条款，一般不能接受由买方指定船公司以及限制船型、船龄、船级等条件，因为CIF或CFR出口，安排船只和航线等是卖方的权利。

（8）关于指定装卸码头及仓库的条款，一般也不能接受。因为一旦指定后就会产生码头吃水深与浅的问题，出口时码头有没有泊位，使用大船停靠是否能靠上码头，该码头与班轮公司专用码头是否一致，仓库是否已满不能接货，这些都有可能造成移库、短驳、船期损失费、驳船使用费等情况发生。

（9）关于大宗货物溢短装条款：交货数量应订有一个伸缩率，一般为增减5%～10%，由船方选择决定。大宗的麻袋、纸袋等包装货物出口，应增加大包装，即现在常用的吨袋包装，每麻袋如果是50kg，吨袋里放20小袋，这样有利于装卸，也有利保持数量不缺少。

2. 备货报验

备货工作就是根据出口合同及信用证中有关货物的品种、规格、数量、包装等规定，按时、按质、按量地准备好应出口的货物，并做好申请报验和领证工作。冷藏货要降温，以保证装船时符合规定温度要求。在我国，凡列入商检机构规定的“种类表”中的商品以及根据信用证、合同规定由商检机构出证的商品，均需在出口报关前填写“出口检验申请书”申请商检。有的商品需鉴定重量，有的需进行动植物检疫或卫生安全检验，要事先办妥，取得合格的检验证书。出口前的准备工作，做到货证齐全，包括外地运来的出口货物都备妥后即可办理托运工作。

3. 托运订舱

托运订舱的原则是，根据统筹兼顾、适当安排的原则，在相同条件下优先配装国轮，其次配载外运租船或合资船，再配外轮，但由于运价的不同，经营航线的各异，服务质量的优劣，则具体情况具体分析。首先外运公司、外轮代理、联合船代和专船公司，制定出月度海运出口船期表。其次出口公司向外运公司、一级货运代理订舱配载。货主在船舶抵港和截止签单前递交托运单，外运公司或其他国际货代经审核签出装货单，订舱工作即告完成，这就意味着托运人和承运人之间的运输合同已经缔结。

4. 保险

货物订妥舱位后，属卖方保险时，即可办理货物运输险的投保手续。保险金额通常是以发票的CIF价加成投保，加成数根据买卖双方约定，如未约定，则一般加成10%投保。

5. 货物集中港区

当船舶到港装货计划确定后，按照港区进货通知或船公司通知提集装箱、装箱、进港，在规定的期限内，由托运人或货代办妥集港运输手续，将出口货物及时运至港区集中，等待装船，做到批次清、件数清、标志清。在这项工作中，还要特别注意与港区、船公司、货代、运输车队或铁路等单位保持密切联系，按时完成进货，防止工作脱节影响装船进度或者货物进港太晚不能装上船的后果。

6. 报关（通关）

货物集中港区后，编制出口货物报关单连同装货单、发票、装箱单、商检证等有关单证向海关申报出口，经海关关员进行单证审核后，以及部分货物查验合格后方可装船。

7. 装船工作

在装船前，理货员代表船方，收集经海关放行的装货单和收货单，经过整理后，按照船舶积载图，分批接货装船。装船过程中，货主委托的货运代理一般派人在现场监装，随时掌握装船进度并处理临时发生的问题。装船方法通常有三种：一是码头作业，由港区提供足够的劳务和机械，按积载图、正常情况下24小时连续装船；二是现装船，即车辆将货物直接运到码头船边进行装船；三是船过船，货物由驳船集港，货物停留在驳船上。装船时驳船直接靠海轮外舷，将货物直接吊到海轮上。装货完毕，理货组长要与船方大副共同签署收货单，交予托运人或货代、船代。理货员如发现某批货有缺陷或包装不良，即在收货单上批注，并由大副签署，以明确船货双方的责任。但作为托运人，应尽量争取不在收货单上批注以取得清洁提单。

8. 换取提单

装船完毕，托运人除向收货人（买方）发出装船通知外，由货代或直接向船公司或船代领取已装船提单，一般船公司在开船后24小时内开始正式签发提单。这时出口运输工作即告一段落。

9. 制单结汇

将合同或信用证规定的结汇单证备齐，如提单、发票、装箱单、汇票、原产地证、运输保险单等，在合同或信用证规定的议定有效期内向银行交单，办理结汇手续。

二、海运进口货代流程

（1）接受收货人委托，签订委托协议书。

（2）从收货人处取得进口全套单据。

（3）确认承运人、船务代理以及换单代理。
（4）凭已背书的正本提单在换单代理处换取提货单并代缴换单费。
（5）办理集装箱押箱手续，缴纳押金，取得集装箱设备交接单。
（6）确认提箱、提货费用。
（7）报检报关。
（8）确认关税和增值税，向收货人索取该费用，并为其代缴。
（9）办理提箱或提货手续。
（10）收货人掏空箱后，将空箱送返指定的回箱地点。
（11）到箱管部办理集装箱的押款结算手续。
（12）向收货人结清所有费用。

任务实施

活动：荣信公司海运出口货代业务流程。

步骤一：苏姗与王天签订委托协议书。

步骤二：订舱委托。王天向苏姗提供出口货物明细单、装箱单、发票、合同等单据，宏达货代公司准备订舱委托。

步骤三：缮制托运单。宏达货代公司制单员王娜缮制托运单，打印集装箱货物托运单（船代留底联）、装货单联（场站收据副本）、场站收据副本大幅联（收货单联）、场站收据（大副收据）。

步骤四：编制做箱计划。宏达货代公司编制做箱计划，打印派车单。

步骤五：订舱。宏达货代公司业务员苏姗递交集装箱货物托运单（船代留底联）、装货单联（场站收据副本）、场站收据副本大副联（收货单联）、场站收据（大副收据）递交船代进行订舱业务，船代审核托运单据，确认订舱无误后接受订舱，在托运单据上打印提单号、船名、航次，并在装货单联加盖订舱章，退还各联，并签发设备交接单OUT三联。

步骤六：提空箱。苏姗订舱后，到集装箱堆场提取空箱。递交设备交接单OUT三联，双方在设备交接单上签字，出场联的第一（船代联）、第二联（码头堆场联）留存在堆场，退还用箱人联给货代。

步骤七：做箱。提空箱后，进行做箱业务。

步骤八：交重箱。做箱后，将重箱送到堆场码头。递交设备交接单三联、集装箱装箱单五联。双方在设备交接单、装箱单上签字确认。进场联的第一联（货代联）、第二联（码头堆场联）留在码头，退还用箱人联。集装箱的第一联（码头联）、第二联（承运人联）、第三联（船代联）留下，退还第四联（发货人联）、第五联（装箱人联）。

步骤九：出口收汇核销申领与备案。网上办理（通过电子口岸执法系统办理）出口收汇核销单的申领，外汇管理局审核后发放签有核销单号的空白出口收汇核销单，并在网上备案。

步骤十：报关。网上办理（通过电子口岸执法系统办理）报关申报（即报关预录入），申报审批通过后打印报关单，报关员现场递交通关单、报关单、装箱单、检验证书、发票、许可证件、原产地证、场站收据副本等进行现场报关，海关查验审核后，在报关单上、场站收据上加盖放行章。此后，海关验核出口收汇核销单，盖章。

步骤十一：装船。苏姗将加盖放行章的装货单和场站收据副本大副联（收货单联）递交给诚运理货公司准备，打印场站收据副本大副联（套打），由理货公司签署后将此联留存。场站收据由大副签字后和批注退还给苏姗。

步骤十二：结关。装船后，苏姗接受船代发的电子舱单数据，到海关办理结关手续，海关签发报关单出口退税证明联、报关单出口收汇核销证明联。

步骤十三：签发提单。装船后，递交场站收据（大副收据）给船代，船代收回场站收据，签发提单给货代苏姗。苏姗将提单等资料交给王天，荣信公司与宏达公司结款。

步骤十四：收汇核销。收汇核销单验核后，王天在网上办理收汇核销，并到外汇管理局递交出口收汇核销单专用联、出口货物报关单出口收汇核销证明联、发票，外汇管理局在核销单上加盖已核销章留存，再将核销单第三联（退税联）返还给王天。

步骤十五：退税。收汇核销之后，王天到网上报送退税数据。并到国家税务局现场办理退税，递交核销单退税联、报关单出口退税证明联、发票、结汇水单、增值税发票等，国税局受理退税。

应用训练

根据图2-3，说明该笔海运货代业务的进口流程。

深圳市朝日进出口有限公司是一家具有进出口经营权的服装贸易公司，主要经营服装进出口，地址是：fuyong town, Baoan district, CHI-SHENZHEN。2012年10月底，该公司与韩国日进服装公司合作，购买400件毛呢大衣。该批货物拟定从釜山港运往深圳港，11月底装E001航次的“丽京”轮。朝日公司业务员找到深圳宏达国际货运代理有限公司苏姗，委托其办理进口业务。参考图2-1说明该笔海运货代业务的进口流程。

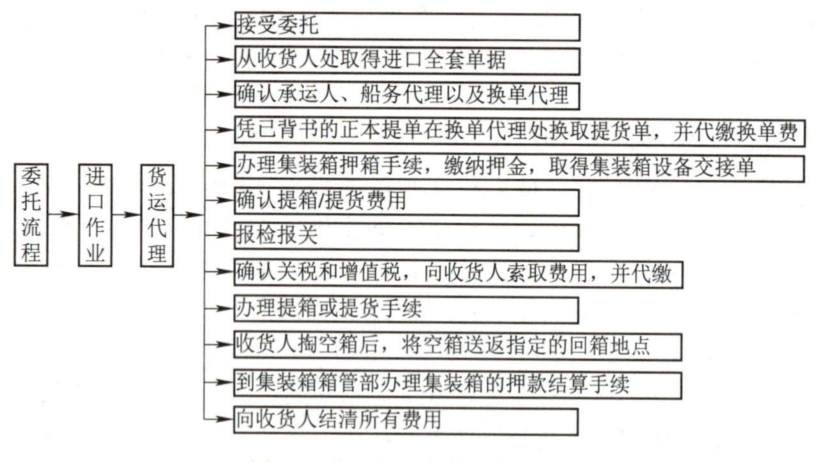

图2-3 海运进口货代业务流程

拓展提升

海运进口流程

海运进口需按照收货人预备进口单据、换单、报检、报关、办理设备交接单、提箱、提货的流程进行操作。

具体流程如下。

1. 预备进口单据

（1）收货人向货代提供进口全套单据；货代查清此货物由哪家船公司承运、哪家船代操作、在哪里可以换取提货单（小提单）。

（2）进口单据包括：带背书的正本提单或电放副本、装箱单、发票、合同（一般贸易）。

（3）货代提前联系场站并确认好提箱费、掏箱费、装车费、回空费。

2. 换单

（1）货代在指定船代或船公司确认该船到港时间、地点，如需转船，必须确认二程船名。

（2）凭带背书的正本提单（如果电报放货，可带电报放货的传真件与保函）去船公司或船代换取提货单（小提单）。“背书正本提单”有两种形式：①提单上收货人栏显示“订舱人”，则由发货人背书；②提单上收货人栏显示真正的收货人，则需收货人背书。

3. 报检

检验检疫局根据“商品编码”中的监管条件，确认此票货是否要做商检。

4. 报关（清关）

（1）收货人如果有自己的报关行，可自行清关，也可以委托货代的报关行或其他有实力的报关行清关。

（2）报关资料包括：带背书的正本提单/电放副本、装箱单、发票、合同、小提单。

（3）海关。通关时间一般为一个工作日以内，特殊货物需要二至三个工作日。

查验分为技术查验和随机查验。

1）技术查验需要依据单据以及具体货物决定是否查验。

2）随机查验是海关放行科放行后，计算机自行抽查。

5. 办理设备交接单

（1）货代凭带背书的正本提单（电放放货的传真件和保函）去船公司或船代的箱管部办理设备交接单。

（2）设备交接单。它是集装箱进出港区、场站时，回箱人、运箱人与箱管人或其代理之间交换集装箱及其他机械设备的凭证，并有管箱人发放集装箱凭证的功能。它分进场和出场两种，交换手续均在码头堆场大门口办理。拼箱货（CFS条款交货），凭船代业务部进口科的通知单到箱管部交纳进口单证费，然后可凭“小提单”和分单到码头直接提取货物，无须办理设备交接单。

6. 提箱

（1）货代凭小提单和拖车公司的“提箱申请书”到箱管部办理进口集装箱超期使用费、卸箱费、进口单证费等费用的押款手续。

（2）若押款人不是提单上所注明的收货人，押款人必须出具同意为收货人押款并支付相应费用的保证函（保函）。

（3）押款完毕经船代箱管部授权后到进口放箱岗办理提箱手续，领取集装箱设备交接单，并核对其内容是否正确。

（4）收货人拆空进口货物后，将空箱返回指定的回箱地点。

（5）空箱返回指定堆场后，收货人要及时凭押款凭证到箱管部办理集装箱费用的结算手续。

7. 提货

（1）货代或收货人凭小提单联系拖车去船代指定的码头、场站提取货物。

（2）押款人到箱管部办理集装箱、押款、结算手续。拼箱货需要到船公司或船代理签取散货分提单（分单），提货时用小提单和分单到码头提取货物。

8. 费用及其他

下面以苏州某公司进口报关情况为例进行说明。

（1）换单费：150元/票。

（2）报检费：100元/票。

（3）报关费：100元/票。

（4）查验费：550元/小柜；700元/大柜。

（5）海关、商检工作时间：9:00～11:30；13:30～17:30；节假日休息。

（6）报关行工作时间：8:30～12:00；13:00～18:00；节假日休息。

（7）进口一定要查验货物。

（8）正常情况下进口货物可在码头免费存放七天。

任务评价

项　目	任务内容	结　果
知识水平	熟悉海运货代业务内容（进、出口），10分	
拓展能力	1. 熟悉海运出口货代业务流程，20分 2. 熟悉海运进口货代业务流程，15分	
任务实施	荣信公司海运出口货代业务流程及绘制流程图表，35分	
应用训练	朝日进出口有限公司进口货代业务流程，20分	

综合评价：

知识考核	技能考核	实操考核	综合得分
□1□2□3□4□5	□1□2□3□4□5	□1□2□3□4□5	

教师签字：　　　　　　　　　　　　　　　　年　　月　　日

任务三 掌握国际陆运代理业务

任务目标

知识目标

1. 掌握国际陆运货代业务处理流程
2. 熟悉国际陆运货代业务准备工作

能力目标

1. 能够进行国际陆运货代业务处理
2. 学会国际陆运货代业务准备基础工作

任务描述

自2011年开始，浙江瑞博进出口有限公司（以下简称瑞博公司）与宏达运输公司双方就瑞博公司的下线产品——饰品的集装箱国内运输业务签订了运输合同，年运送货品价值近亿元。双方就合作业务范围、集装箱国内段运输业务的发运手续、赔偿责任、运费、付款方式等在合同中做了明确的约定。宏达运输公司承运了义乌到宁波、上海等的运输线路。

应浙江瑞博公司的运输要求，宏达运输公司在完成客户提出的整车集装箱国内段托运受理工作后，运输主管与运输物流员一起就承担的运输服务项目设计其业务规范。

知识准备

一、铁路货运代理操作实务

1．铁路整车、零担和集装箱货运代理业务

铁路运输货物的方式分为整车、零担和集装箱三种。

（1）铁路整车货运代理业务。

1）办理整车运输的条件。凡一批货物的重量、性质、体积、形状需要以1辆或1辆以上货车装运的，均按整车条件运输。

2）超限货物运输。超限货物是指装车后，货物的任何部位在高度或宽度超过铁路机车、车厢的限界或经由特定区段超过装载限制的货物。在直线线路停留时虽不超限，但运行中通过半径为300米的曲线线路上计算内侧或外侧宽度仍然超限的也被认为是超限货物。根据超限程度分为一级、二级和超级超限。托运人托运超限货物，向车站递交货物运单的同时，还须提出货物的装载三视图（端视、侧视、顶视），准确注明货件重心位置、各部位尺寸，以确定装载方案和超限等级。

3）件数、重量承运条件、货车载重量。

① 整车货物按件数、重量承运，但下列货物不计算件数，只按重量承运：散堆装货

物；成件货物规格相同（相同规格在3种以内，视为规格相同）一批数量超过2 000件的，规格不同一批数量超过1 600件的；日用百货、文具、电视机、面粉、医疗器械、玻璃仪器等货物每件平均在10千克以上，托运人应按件数点交给车站，承运人应按件数的重量承运。如果这类货物和其他货物一批托运时，则按前款规定的条件办理。

② 货车的装载量不能超过货车的容许载重量。货车的容许载重量为：货车的标记载重量；货物净重加上包装及防护物重量后或机械装载不易计件货物减吨困难时，多出的重量按货车标记载重量允许多装2%；凡涂有"免增"字样的货车均不允许增载。

4）托运人、收货人自装卸货物时交接。托运人组织装车或收货人组织卸车的货物，托运人或收货人应与承运人进行交接以保证安全，明确双方责任。原则上装卸地点为交接地点，特殊情况下双方可商定交接地点。

托运人组织装车或收货人组织卸车的货物，应交接下列事项：

① 施封的货车，凭封印交接。

② 不施封的货车，分别凭车门车窗关闭状态、篷布苫盖状态、货物装载状态或规定的标记交接。

（2）铁路零担货运代理业务。铁路零担货物是指托运一批次货物数量较少时，装不足或者占用一节货车车皮（或一辆运输汽车）进行运输，在经济上不合算，而由运输部门安排和其他托运货物拼装后进行运输。运输部门按托运货物的吨公里数和运价率计费。

1）办理零担货物运输的条件。零担货物一件体积不得小于0.02立方米。但一件重量在10千克以上时，则不受此最小体积限制。零担货物每批件数不得超过300件。

下列货物不得按零担货物托运：

① 需要冷藏加温运输的货物。

② 规定按整车办理的货物（装入铁路批准使用爆炸品保险箱运输的除外）。

③ 易于污染其他货物的污秽品（经过卫生处理不致污秽其他货物的除外）。

④ 蜜蜂。

⑤ 不易计算件数的货物。

⑥ 未装入容器的活动物（铁路局零担运输办法允许者除外）。

⑦ 一件重量超过2吨、体积超过3立方米或长度超过9米的货物（发站认为不致影响中转站或到站卸车作业者除外）。

2）个人托运物品。个人托运物品按运输部门相关规定办理。个人托运物品中禁止夹带金银珠宝、文物字画与贵重物品、有价证券、货币凭证和危险货物。个人托运的物品除按规定栓挂货签、涂写与货签相同的标记外，还须在有包装的件内放入写有与货物运单记载一致的到站、收货人名称地址的字条。

3）零担货物货签、标志。零担货物货签应使用坚韧的材质制作，货签内容、规格必须符合铁路统一的格式。每件货物使用两枚货签，分别粘贴、钉固于包装的两端。不宜粘贴或钉固时可使用栓挂方法。

为确保货物运输安全，针对货物性质的不同，货件应有不同要求的图式标志，标志图形必须符合GB/T 191—2008《包装储运图示标志》的规定。危险零担货物还必须使用危险货物包装标志。

货件上原有的与本批货物无关的旧货签旧标志，托运人必须将其撤除或替换。

4）铁路零担货运代理业务。铁路零担货运发送作业流程如图2-4所示。

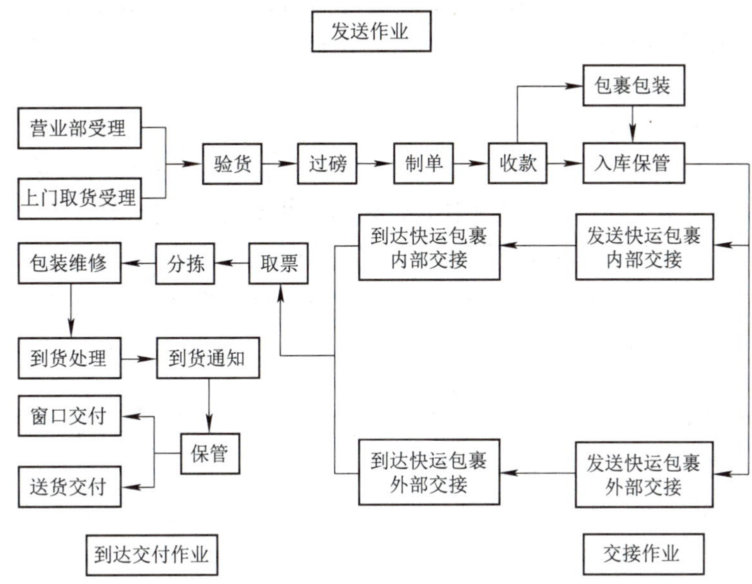

图2-4 铁路零担货运发送作业流程

（3）铁路集装箱货运代理业务。

1）铁路货物运输常用车辆名称和代号。

①敞车（C）。

②棚车（P）。

③平车（N）。

④冷藏车（B）。

⑤家畜车（J）。

⑥罐车（G）。

2）铁路集装箱运输货源组织形式。

①整列的集装箱货源。由铁路编排的整列的、到达同一终点站的集装箱货源，通常属于集装箱直达列车运输的对象。这类货源一般在水—铁联运中形成。当铁路在集装箱码头联运从船上卸下的大批集装箱时，就能编组这样的整列集装箱货源。内陆铁路集装箱办理站很难编列这样的整列货源。

②整车的集装箱货源。整车的集装箱货源指形成一节车皮的集装箱货源。铁路集装箱专用车长度通常为60 ft，最长的达90 ft。所以一节整车可装载3～4个20 ft集装箱。对铁路来说，形成整车的集装箱货源，在编排时总是占一节车皮，所以比较有利。因此为了鼓励托运人“整车”托运，规定一节集装箱车皮不管是否装满，均按整车计费。托运人为减少每个集装箱分摊的费用，会尽量配齐一节整车货源。

③整箱的集装箱货源。整箱的集装箱货源指一个20 ft集装箱的货源，不够装一节车皮。

④ 拼箱的集装箱货源。拼箱的集装箱货源是由铁路集装箱办理站把普通零担托运货物中适合集装箱运输的货物拼装成一个集装箱，即“一个箱子、几个货主”的货物。

3）我国铁路专用集装箱货运程序。

① 确定集装箱承运日期表。集装箱铁路承运日期表由铁路集装箱办理站制订，目的是使发货人明确装往某一方向的集装箱列车的装箱时间，以便发货人准备好短途运输手段，按时送货装箱。

② 集装箱货物托运受理。

a. 由货运公司集中受理。这是目前大多数铁路集装箱办理站采用的受理方式。这种方式的处理程序是由货运公司接受发货人托运，然后由货运公司审批运单。

b. 驻在受理。铁路集装箱办理站在货源比较稳定的企业设受理室，直接受理托运货物业务。

c. 电话受理。由发货人直接通过电话向铁路集装箱办理站的货运室托运货物。受理货运员根据电话登记托运的货物，统一集配、审批，然后电话通知发货人进箱（货）日期。

③ 货运单主要审核以下内容：

货物能否装载集装箱；所到站能否受理该吨位、种类、规格的集装箱；应注明的事项是否准确完整；货物的重量、件数、尺码是否填写规范。

④ 空箱发放和装箱。在发放空箱时，双方要明确交接责任，共同检查集装箱外表状况，判断是否会影响货物运输安全，避免事后的责任纠纷。

⑤ 铁路专用集装箱货物的接受和承运。发货人将铅封后的集装箱送铁路集装箱办理站的发送箱区。发选货运员在检查确认无误后，在货物运单上加盖站名、日期戳记，表明铁路办理站的承运责任由此开始发生。承运是指发货人将托运人的集装箱货物交铁路办理站，到目的地铁路办理站将集装箱货物交给收货人为止的全部过程。

⑥ 装车。在始发铁路集装箱办理站，装车货运员按照配装计划确定装车顺序，然后在装卸线上装车。

⑦ 到达目的地铁路办理站卸车。集装箱列车经铁路运输，到达目的地铁路办理站装卸线，即行卸车。

⑧ 集装箱货物交付。目的地铁路集装箱办理站在卸箱后，交箱货运员接到转来的卸货卡片和有关单据，应认真核对车号、集装箱铅封号和标签，然后通知交货。收货人在收到箱子，核对铅封后在有关单据上签章交回，然后交箱货运员在运单上盖“付讫”章。

2. 国际铁路联运代理业务

国际铁路货物联运是指使用一份统一的国际铁路联运票据，在跨及两个或两个以上国家铁路的货物运送中，由参加国铁路负责办理两个或两个以上国家铁路全程运送货物过程，由托运人支付全程运输费用，而无须收、发货人参加的铁路运输组织形式。

（1）国际铁路联运出口业务流程。

图2-5显示了国际铁路联运出口业务流程，至于国际铁路联运进口业务流程则是在流转方向上正好相反。

（2）国际铁路联运出口代理业务流程为：编制出口货物运输计划；托运与承运出口货物；交接出口货物；处理出口货物的事故；交付出口货物。具体情况如图2-6所示。

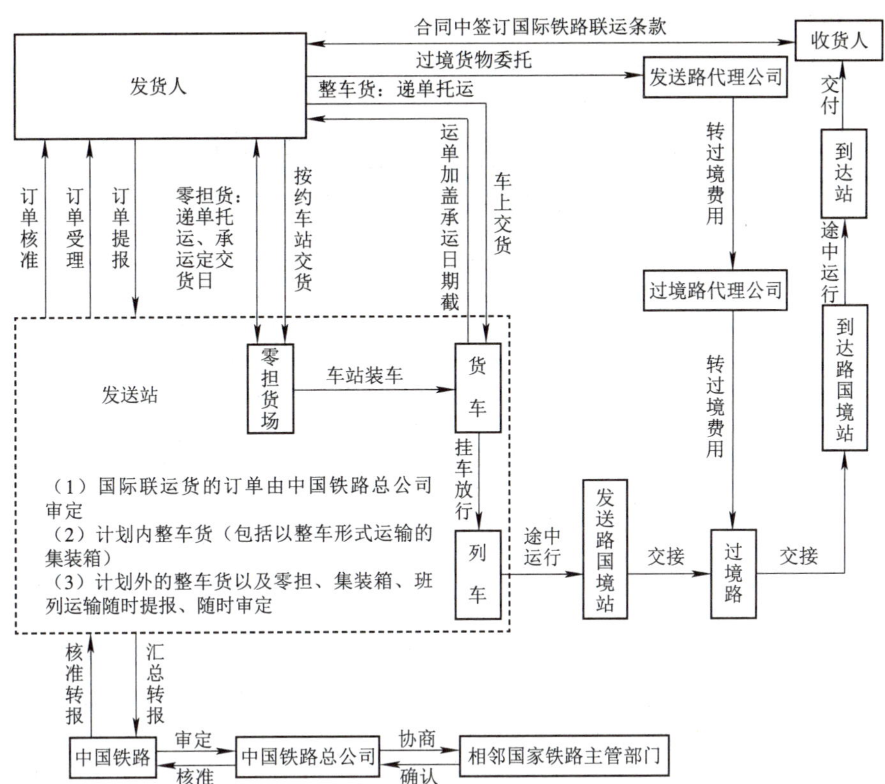

图2-5 国际铁路联运出口业务流程

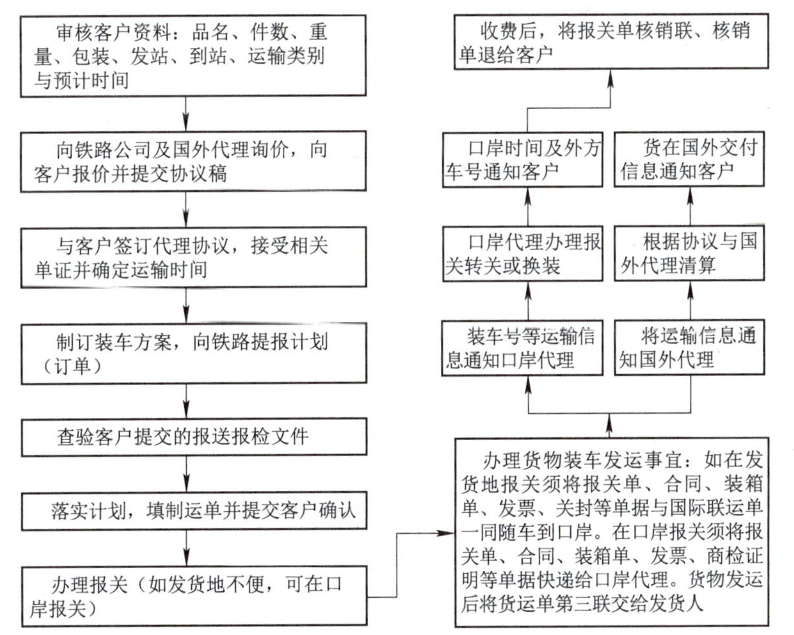

图2-6 国际铁路联运出口代理业务流程

（3）国际铁路联运进口代理业务流程为：确定货物到达站；确定货物运输标志；审核货物运输条件；寄送合同资料；交接进口货物国境站；分拨与分运货物；交付进口货物。

具体情况如图2-7所示。

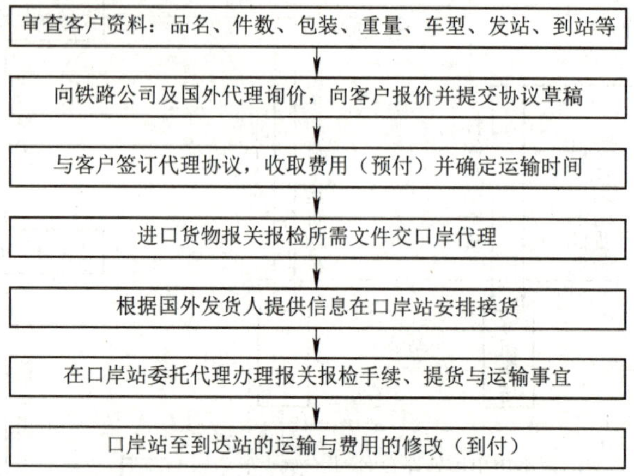

图2-7　国际铁路联运进口代理业务流程

二、公路货运代理操作实务

公路货运代理是指接受发货人、收货人的委托，为其办理公路货物运输及其相关服务的人，其服务内容包括揽货、托运、仓储、中转、集装箱拼装拆箱、结算运杂费、报关、报验、保险、相关的短途运输服务及咨询业务。

1. 公路运输基本运作流程

图2-8显示了公路运输的基本运作流程。

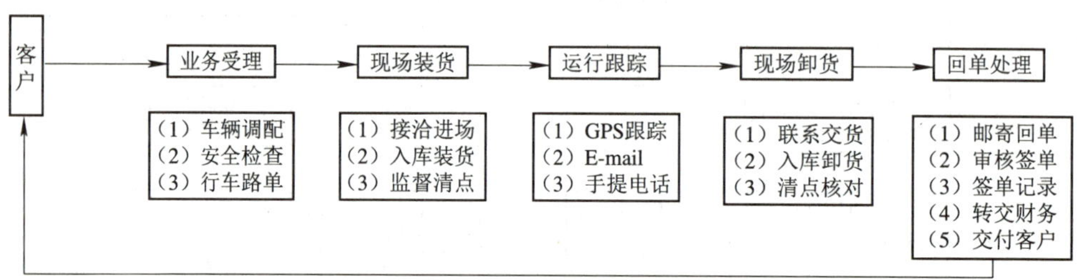

图2-8　公路运输的基本运作流程

2. 公路零担运输运作流程

表2-1显示了公路零担货运业务流程与操作要求。

表2-1　公路零担货运业务流程与操作要求

程序	操作人员	业务操作	操作要求
业务联络	业务员	1. 预约 2. 订立合同 3. 接单（派车联系单、发货单） 4. 电话客户可直接传递派单 5. 将运输单分配给各调度员	1. 以多种接单方式方便客户及时下达指令 2. 确保客户满意 3. 派单及时、准确

（续）

程序	操作人员	业务操作	操作要求
配载派车	调度员 司机	1. 接单 2. 按货物数量、品种及去向、时间要求分配配载 3. 签订货物运输清单，落实车辆安全防护工作 4. 发车至仓库或客户处提货	1. 及时、优质、高效配载 2. 确保车辆安全性 3. 各项运输注意事项完整、清楚 4. 确保车辆准时到位
装货发运	调度员 司　机 仓管员 现场员 卸载工	1. 凭单提货 2. 仓库核对发货并登记 3. 装车前后做好各项核对工作 4. 规范文明，准确卸载 5. 现场监督，记录作业情况	1. 单、货、车相符 2. 做好运输安全措施 3. 文明卸载，按时发运 4. 出库手续齐备，统计准确
在途跟踪	客服专员	1. 主动向客户汇报货物在途状态 2. 主动向客户提供查询服务	及时妥善处理货运途中问题
单货验收	调度员 司　机	1. 在指定仓位按时卸货 2. 单据签章及时、完整、有效 3. 签收后通知调度，回单返回及时	1. 签收单据如有破损，司机负责 2. 回单于卸货后5～7天内返回
单证处理	调度员 回单管理员 结算员	1. 调度将回单核对后交回单管理员 2. 回单管理员将回单交结算员 3. 结算员审核结算收支费用	1. 回单返回及时、准确 2. 统计、计价准确 3. 结算费用及时

任务实施

活动：设计运输服务项目规范。

步骤一：运输岗位分析。各组接受运输主管的指令，分别罗列出公司在完成集装箱整车国内段运输环节中所涉及的业务岗位。

步骤二：设计运输业务操作流程。以运输物流员的身份为浙江瑞博公司从义乌到宁波的国内段运输任务设计一份集装箱国内运送业务操作流程。

步骤三：绘制业务流程图。请各组结合所涉及的业务岗位及业务流程利用Visio软件绘制业务流程图。

步骤四：讲解各组的流程设计。各组派代表讲解展示各自的流程设计，并说明理由。

步骤五：评价。教师组织各组自评互评，并总结点评。

应用训练

作为货代公司，既可从事国际货代业务，也可从事国内货代业务。假如宏达公司接到一笔从深圳发往哈尔滨的陆运代理业务，请绘制流程图向王天解释说明零担货和整车货的货运代理业务。

拓展提升

公路整车运输与零担运输业务运作方面的差异，见表2-2。

表2-2 公路整车运输与零担运输业务运作方面的差异

对比项目	整车运输	零担运输
承运人责任期间	装车/卸车	货运站/货运站
是否进站存储	否	是
货源与组织特点	货物品种单一、数量大、货价低，装卸地点一般比较固定，运输组织相对简单	货源不确定、货物批量小、品种繁多、站点分散，质高价贵，运输组织相对复杂
营运方式	直达的不定期运输形式	一般定线、定班期发运
运输时间长短	相对较短	相对较长
运输合同形式	通常预先签订书面运输合同	通常托运单或运单作为合同的证明
运输费用的构成与高低	单位运费率一般较低，仓储、装卸等费用分担需在合同中约定	单位运费率一般较高，运费中往往包括仓储、装卸等费用

任务评价

项目	任务内容	结果
拓展能力	1. 熟悉铁运进出口业务流程，20分 2. 熟悉公路进出口业务流程，20分	
任务实施	设计运输服务项目规范，40分	
应用训练	回答问题，20分	

综合评价：

知识考核	技能考核	实操考核	综合得分
□1□2□3□4□5	□1□2□3□4□5	□1□2□3□4□5	

教师签字：　　　　年　　月　　日

任务四　掌握国际空运代理业务

任务目标

知识目标

1. 掌握国际空运代理业务流程
2. 清楚国际空运代理业务要点

能力目标

1. 能够处理国际空运代理业务单据
2. 学会国际空运代理业务操作

任务描述

国际空运出口货代业务综合实训。

分析下列空运业务资料，见表2-3，提取主要报关信息，填写空运出境货物报关单。

表2-3 业务资料表

托运人（出口商）信息	
企业名称	杭州朗润德进出口贸易有限公司（HANGZHOU LANGRUNDE IMPORT AND EXPORT TRADING CO.,LTD.）
地　　址	浙江省杭州市西湖区锋尚苑4单元503室（ROOM503 4BULIDING FENGSHANGYUAN XIHU AREA,CHINA）
联系方式	TEL/FAX：86-571-87751861
企业性质	私营出口
主营产品	化工品及药品及药品原料
企业基本情况	具有多年的出口销售经验，主要从事化工品及药品原料的生产及原料提供
国际货运代理企业信息	
企业名称	杭州汉德高国际货运代理有限公司（HANGZHOU HIGH SPEED INTERANS CO.,LTD.）
地　　址	浙江省杭州市下城区德胜东路再行路70号
联系方式	TEL：86-571-85342800
企业性质	私营企业
主营产品	运输产物
企业基本情况	公司于1994年成立，在2004年更名为杭州汉德高，主要从事国际间的货物出运，主要是化工与部分纺织品，具有良好口碑
收货人（进口商）信息	
企业名称	C.J.SHAH AND CO.C/O. DESHUKH WAREHOUING CORP.
地　　址	ROOM NO.815,GALA NO.2, SHREE DUTTA COMP. REHNAL VILLAGE, BHIWANDI,INDIA
联系方式	91-11-27902000
企业性质	外企
主营产品	药品
企业基本情况	主要生产药品，从事多年
承运人（航空公司）信息	
企业名称	深圳航空有限责任公司（SHENZHEN SHIPPING CO.,LTD.）
地　　址	深圳宝安国际机场
联系方式	0755-27771526
企业性质	主要经营航空客、货、邮运输业务的股份制航空运输企业
主营产品	航空运输
企业基本情况	从事货物运输与客流运输，投资成立并控股翡翠货运航空、河南航空、昆明航空，积极实施客货并举，国内国际并举，干线、支线货运共同发展的战略
交易商品信息	
中文名称	药品原料（己酸孕酮）
英文名称	MEDICINE（HYDROXY PROGESTERONE CAPROATE）
商品规格	白色结晶性粉末，不溶于水，易溶于丙酮，熔点为120～124℃,分子式$C_{27}H_{40}O_4$
数量	20油桶/200KGS　净重/235KGS　毛重/0.67CBM

知识准备

一、空运操作流程

（1）首先是收到预订单。与业务员确认好订舱成本以及卖价，并确认好托运人及收货人的联系方式以便保持沟通，沟通方式宜选择邮件和电话。

收到预订单后，托运人的主要操作包括以下几点。

1）如需要安排提货，安排提货时需要注意按货物的尺寸及重量配好合适的车子。如果不需要安排提货，则先给客户入仓图和号码，安排货物先入我方仓库。

2）如有核销单，则需要拿回核销单报关，如没有核销单则需要托运人提供装箱单和商业发票买单报关。

3）特殊货物，如服装需要提供转口证；危险品等需要正本的保函和MSDS（化学品安全技术说明书）说明书。

4）顺利安排入仓库。

（2）订舱。安排订舱主要操作包括以下几点。

1）需要提供正确的提单资料。

2）需要向客人要装箱单与发票。

3）危险品必须要正本的保函、MSDS等。

4）确认好成本。

5）如果服装等特殊产品，需要提供转口证。

总之，普通货物需要提供预定单、装箱单和商业发票，这是最基本的文件。需要注明：是否以预订单资料出主单、货物到达上家仓库的时间或者到港时间、所订航班信息以及价格。

订舱后得到所订航班的提单号。拿到提单号后需要及时上网查询订舱情况，如果网上没有信息，需要跟上家确认头程与二程，并确保按时起飞。

（3）跟踪货物以及反馈给客人货物跟踪情况。此过程的操作包括以下几点。

1）确认是否需要购买保险，如需要，则在起飞前购买。

2）确认好报关方面的问题。

3）输入系统，如需开出分单，则输入详细信息或者根据客户需求开出分单。

（4）起飞后需要进行如下操作。

1）拿到提单，如上家与我公司不是同一家企业，则不能在提单上显示上家公司抬头。核对提单的收、发货人资料有无错误，查看重量和尺寸是否合理。

2）开账单、发票，收款。

（5）后期货物跟踪，输入提单号在网上查询货物状态。

二、航空代理业务流程

1. 基本进口航空货代流程

航空进口流程，如图2-9所示。

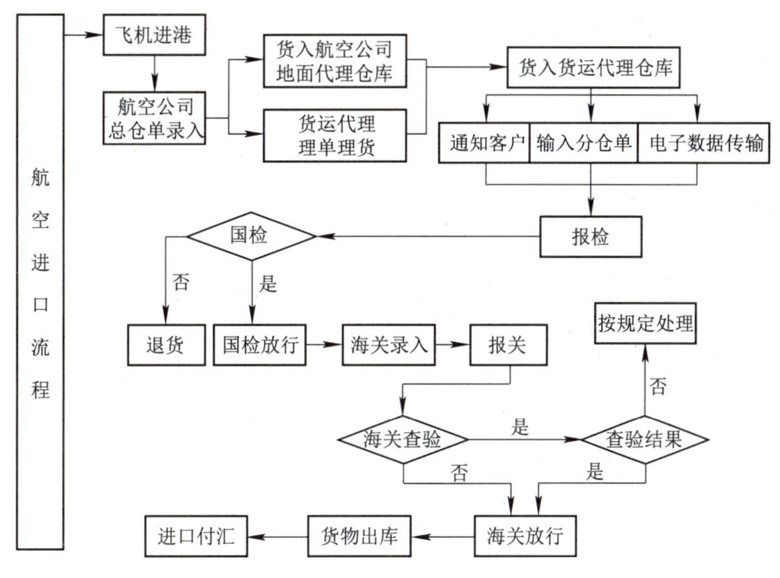

图2-9 航空进口流程

（1）代理预报。在国外发货前，由国外货代公司将运单、航班、件数、重量、品名、实际收货人及其他地址、联系电话等内容发给目的地货代公司。

（2）交接单、货。航空货物入境时，与货物相关的单据也随机到达，运输工具及货物处于海关监管之下。货物卸下后，将货物存入航空公司或机场的监管仓库，进行进口货物舱单录入，将舱单上总运单号、收货人、始发站等相关信息通过计算机传输给海关留存，供报关用。同时，根据运单上的收货人地址寄发取单、提货通知。交接时做到单单核对（即交接清单与总运单核对）、单货核对（即交接清单与货物核对）。

（3）理货与仓储。

1）理货。逐一核对每票件数，再次检查货物破损情况，如有问题可向民航提出交涉；按大货、小货、重货、轻货、单票货、混载货、危险品、贵重品、冷冻品、冷藏品分别堆存、进仓；登记每票货储存区号。

2）仓储。注意防水、防潮；防重压；防变形；防温长变质；防暴晒；单独设立危险品仓库。

（4）理单与到货通知。

1）理单。集中托运，总运单项下拆单；分类理单、编号；编制种类单证。

2）到货通知。尽早、尽快、尽妥地通知货主到货情况。

（5）制单、报关。货代公司可代办制单、报关、运输，也可由货主自行办理制单、报关、运输。

（6）发货、收费。

1）发货。办完报关、报检等手续后，货主须凭盖有海关放行章、动植物报验章、卫生检疫报验章的进口提货单到所属监管仓库付费提货。

2）收费。货代公司仓库在发放货物前，一般先将费用收妥。收费内容有：到付运费及垫付佣金；单证、报关费；仓储费；装卸、铲车费；航空公司到港仓储费；海关预录入、动植检验检疫等代收代付费；关税及垫付佣金。

2. 基本出口航空货代流程

航空出口流程，如图2-10所示。

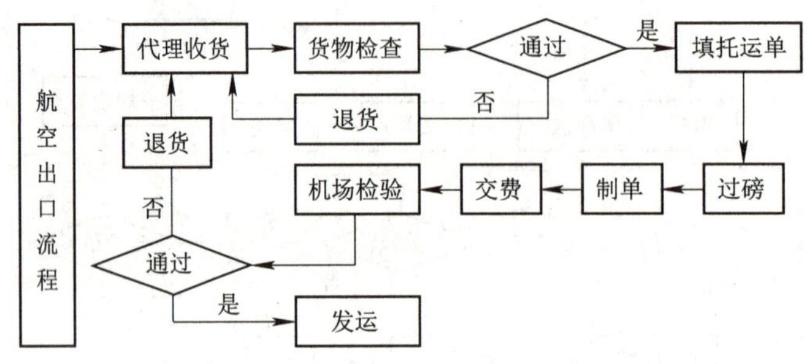

图2-10　航空出口流程

（1）寻找客户。客户询价，我方报价，与客户建立联系。

（2）订立合同。

1）委托书。发货人与货运代理确定运输价格及服务条件后，货运代理将给发货人一份空白的航空货物托运委托书，发货人将如实填写此份托运书，并传真或交回货运代理。

2）商检。货运代理将检查委托书内容是否齐全（不全或不规范的要补充），了解货物是否要做商检，并对需要做商检的货物进行协助办理。

3）订舱。货运代理根据发货人的委托书，向航空公司代理订舱，也可由发货人指定航空公司。同时，向客户确认航班以及相关信息。

4）接货。发货人需向货运代理提供具体接货地址、联系人、电话、时间等相关信息，以确保货运代理准确接货，将货物及时入仓。

5）运输费用结算。双方在未接货物时应该确定预付和到付费用。

（3）货到机场。

1）理货。当货物送至相关的货站后，货代会根据航空公司的运单号码制作主标签和分标签，并贴在货物上，以便于识别。

2）过磅。将贴好标签的货物交由货站进行安全检查、过磅，以及丈量货物尺寸计算体积重量，之后货站将整单货物的实际重量及体积写入可收运书，加盖安检章、可收运章以及签名确认。

3）打单。货代根据货站的可收运书将全部货物数据打印在航空公司的运单上。

4）特殊处理。因货物的重要性、危险性以及装运限制（如超大、超重等），货站要求承运的航空公司代表进行审核，并签字说明，才可入仓。

（4）报关报检。准备好商业发票、航空运单等相关单据进行商检、通关申报。

任务实施

活动：空运货代业务流程。

步骤一：接受货主询价。杭州汉德高国际货运代理有限公司（以下简称汉德高货代）接受杭州朗润德进出口贸易有限公司（以下简称朗润德公司）询价，称有一批药品原料要通过深圳航空有限责任公司发往印度。

步骤二：接单（接受货主委托）。汉德高货代接受朗润德公司委托后，向杭州朗润德进出口贸易有限公司确认航班、件数、箱型、箱量、毛重、体积、付费条款、货主联系方法等相关信息，让朗润德公司填制“航空货运委托书”。

步骤三：订舱。汉德高货代根据朗润德公司的“航空货运委托书”向深圳航空有限责任公司代理订舱，同时向客户确认航班以及相关信息。

步骤四：理货、过磅。

（1）理货。汉德高货代根据航空公司的运单号码制作主标签和分标签，贴在货物上。

（2）过磅。将贴好标签的货物交由货站进行安全检查、过磅，以及丈量尺寸。

步骤五：报关。朗润德公司准备航空出口货物报关所需资料：商检、配额、许可证、产地证、商业发票、航空运单等。汉德高货代根据资料填写航空报关单向海关申请报关。

步骤六：费用结算。朗润德公司根据约定与汉德高货代结算费用。

应用训练

根据“任务描述”中的背景资料，填写出境货物报关单，并绘制空运方式下国际货代操作流程图。

拓展提升

北京空运出口业务

一、发货人

（1）提供货物资料。货物资料包括：品名，件数，重量，箱规尺寸，目的港及目的港收货人名称、地址、电话、出货时间，发货人名称、电话、地址。

（2）应具备的报关资料。

1）清单、合同、发票、手册、核销单等。

2）填写报关委托书并盖章，交由委托报关的货代或报关行进行处理。

3）确认是否具有进出口权以及产品是否需要配额。

4）根据贸易方式将上述文件或其他必备文件交由委托报关的货代或报关行进行处理。

（3）寻找货运代理。发货人可自由选择货运代理，但应从运价、服务以及货代实力和售后服务等方面选择适合的代理公司。

（4）询价。向所选择的货运代理公司进行运价协商。各航空公司根据服务不同，给货运代理公司的运价也不同，一般来说重量级别越大价格就越优惠。

二、货运代理公司

（1）委托书。发货人与货运代理确定运输价格以及服务条件后，货运代理会给发货人一份空白的货物托运委托书，发货人如实填写此份托运书，并传真或交回货运代理。

（2）商检。货运代理检查委托书内容是否齐全，了解货物是否要做商检，并对需要做商检的货物进行协助办理。

（3）订舱。货运代理根据发货人的委托书向航空公司订舱，也可由发货人指定航空公司。订舱一般要提前一周进行，用来确认价格，避免短期发生太大的波动而引起纠纷，同时向客户确认航班以及相关信息。

（4）接货。

1）发货人自送货。货运代理应将货物进仓图传真给发货人，注明联系人、电话、送货地址、时间等，以便货物及时准确入仓。

2）货运代理接货物。发货人需向货运代理提供具体接货地址、联系人、电话、时间等相关信息，以确保货物及时入仓。

（5）运输费用结算。 双方在未接货物时应该确定预付和到付费用。

（6）其他。

1）运输方式有直达、空空转运、海空联运、陆空转运。

2）运费组成：空运费、报关费、燃油附加费以及战争险、货站地面处理费、安检费用、地面调拨费以及可能因货物不同而产生的其他杂费。

北京地区有专门做应急空运出口的货运代理公司，处理客户应急的需求（比如当天的货物要在当天出口通关装机的），但收费很高，采取一票一议的方式收取费用。

北京出口的空运货物，有的标明起运空港为天津的，一般为国航的货运，国航在天津有比较大的货运基地，在京津地区转关操作。

三、机场/航空公司货站

（1）理货。当货物送至相关的货站后，货运代理会根据航空公司的运单号码制作主标签和分标签，贴在货物上，以便于起运港及目的港的货主、货代、货站、海关、航空公司、商检及收货人识别。

（2）过磅。将贴好标签的货物交由货站进行安全检查、过磅，以及丈量货物尺寸计算体积，之后货站将整单货物的实际重量以及体积写入“可收运书”，加盖安检章、可收运章以及签名确认。

（3）打单。货运代理根据货站的“可收运书”将全部货物数据打印在航空公司的运单上。

（4）特殊处理。因货物的重要性、危险性以及装运限制（如超大、超重等），货站要求承运的航空公司代表进行审核，并签字说明，才可入仓。

（5）其他。北京有两大航空货运站，分别为

1）中国国际航空货站。处理中国国际航空公司以及中国南方航空公司、东方航空公司的货物。

2）首都机场货站。处理除上述两家航空以外的所有航空公司的货物。

四、商检

（1）单证。发货人必须出具清单、发票、合同、报检委托书（由报关行或货代提供）。
（2）检验。商检局将抽取货物样品或现场评定，作出审核结论。
（3）放行。检验合格之后，商检局将在报检委托书上作出认证。
（4）其他。商检根据各类货物的商品编码监管条件进行相应的操作。

任务评价

项　目	任务内容		结　果
知识水平	熟悉空运货代业务内容（进、出口），10分		
拓展能力	1. 熟悉空运出口货代业务流程，20分 2. 熟悉空运进口货代业务流程，15分		
任务实施	朗润德公司空运业务，35分		
应用训练	模拟空运货代业务流程，20分		
综合评价：			
知识考核	技能考核	实操考核	综合得分
□1□2□3□4□5	□1□2□3□4□5	□1□2□3□4□5	
教师签字：			年　　月　　日

任务五　掌握国际多式联运代理业务

任务目标

知识目标

1. 熟悉国际多式联运的特点和条件
2. 掌握国际多式联运代理业务的流程
3. 掌握国际多式联运代理业务的要点

能力目标

1. 能够处理国际多式联运代理业务单据
2. 学会国际多式联运代理业务操作

任务描述

匈牙利雁山国际贸易有限责任公司（YAN SHAN International Trading Company Limited, Hungary，以下简称雁山公司）所在地为匈牙利布达佩斯。2011年10月4日，该公司作为买方与温州市进出口公司签订一份售货确认书，购买一批童装，数量为500箱，总价为68 180美元。2012年2月11日，温州市进出口公司以托运人身份将该批童装装于一

40ft标准集装箱内，交由香港富天船务有限公司（RICH SKY SHIPPING LIM－ITED, HONGKONG，以下简称富天公司）所有的金泉轮（M/V JianQuan）承运。富天公司加封铅，箱号为SCXU5028957，铅封号11021，并签发了号码为RS－95040的一式三份正本全程多式联运提单，厦门外轮代理公司以代理身份盖了章。该份清洁记名提单载明：收货地厦门，装货港香港，卸货港布达佩斯，收货人为雁山公司。提单正面管辖权条款载明：提单项下的纠纷应适用中国香港法律并由香港法院裁决。2012年2月23日，货抵香港后，富天公司将其转至以星航运有限公司（ZIM ISRAEL NAVIGATION Co.Ltd，以下简称以星公司）所有的海发轮（M/V ZIMHAIFA）承运。以星公司的所在地为香港，该公司在香港的代理新兴行船务公司（SUN－HING SHIPPING Co.Ltd）签发了号码为ZIMUHKG166376的提单，并加号码为ZZZ4488593的箱封。富天公司收执的提单上载明副本不得流转，并载明装货港香港，目的港科波尔，最后目的地布达佩斯；托运人为富天公司，收货人为富天公司签发的正本提单持有人及本份正本提单持有人，通知人为雁山公司，并注明该箱从厦门运至布达佩斯，中途经香港。2012年3月22日，以星公司另一代理R.福切斯（R.Fuchs）传真雁山公司，告知集装箱预计于3月28日抵斯洛文尼亚的科波尔港，用铁路运至目的地布达佩斯，但布达佩斯有两个堆场，让其择一。雁山公司明确选择马哈特为集装箱终点站。3月29日，以星公司将集装箱运抵科波尔，博雷蒂诺（Bollettino）铁路运输公司出具运单，该运单载明箱号、铅封号以及集装箱货物与以星公司代理新兴行船务有限公司出具给富天公司的提单内容相同。4月12日，R.福切斯依照雁山公司指示，将箱经铁路运至目的地布达佩斯马哈特集装箱终点站。4月15日，雁山公司向R.福切斯提交富天公司签发的一份正本提单并在背面盖章。

请分析该业务流程。

知识准备

一、国际多式联运

国际货物多式联运（以下简称国际多式联运）是指按照多式联运合同，以至少两种不同的运输方式，由多式联运经营人将货物从一国境内接管货物的地点运至另一国境内指定交付货物的地点。

国际多式联运有以下几个特点。

（1）一个合同，即一份多式联运合同。

（2）一人负责，即由一个多式联运经营人对货物运输的全程负责。

（3）两种方式，即必须以至少两种不同的运输方式连续进行运输。

（4）两个国家，即必须是国际间的货物运输。

二、国际多式联运经营人的必备条件

（1）取得从事国际多式联运的资格。

（2）拥有国际多式联运线路以及相应的经营网络。

（3）与有关的实际承运人、场站经营人建立长期合作关系。

（4）拥有必要的运输设备，尤其是场站设施和短途运输工具。

（5）拥有雄厚的资金和良好的资信。

（6）拥有符合要求的国际多式联运单据。

（7）具备自己所经营的国际多式联运线路的运价表。

三、国际多式联运运作的基本流程

理论上多式联运可有海-铁、海-空、海-公、铁-公、铁-空、公-空、海-铁-海、公-海-空等多种类型。

国际多式联运运作流程通常包括以下环节，如图2-11所示。

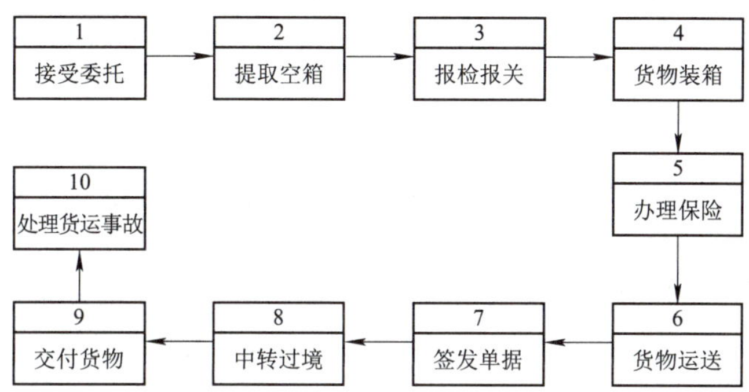

图2-11 国际多式联运运作流程

1. 接受托运

多式联运经营人根据发货人提交的托运单或场站收据和自己的运输路线决定是否接受托运，如能接受则在托运单或场站收据上签章，以表明“承诺”，并填写运输工具名称、提单号等。

2. 提取空箱

集装箱来源有以下几种情况。

（1）多式联运人自己购置的。

（2）租箱公司租用的。

（3）由全程运输的分承运人提供的。

提取程序如下。

（1）多式联运人签发提箱单，连同设备交接单一并交由托运人。

（2）托运人到指定的集装箱堆场提箱。

（3）提箱时必须出具提箱单，并由双方代表在设备交接单上签字，办理交接手续。

3. 报检报关

（1）凡列入商检机构《进出口商品种类表》和合同规定必须由商检机构出证的商品，

必须报检。

（2）如联运从港口开始，则在港口报关；若联运从内陆地区开始，在货物所在地报关，到口岸关后查验放行。

4. 货物装箱

（1）货物装箱分为发货人自行装箱和多式联运经营人装箱。

（2）发货人自行装箱包括发货人或其代理人提取空箱在发货人工厂或仓库自行装箱，或者在发货人、代理人的集装箱货运站装箱。

（3）多式联运经营人装箱分为在多式联运经营人或其代理人货运站装箱，在区段承运人货运站装箱视为在多式联运经营人、代理人的货运站装箱。

5. 办理保险

发货人投保运输险，多式联运经营人投保货物责任险，集装箱所有人投集装箱险。

多式联运经营人代为投保火灾运输险时，应注意货物买卖合同和信用证规定的险别、保险金额和保险期间。

6. 货物运送

多式联运经营人接受货物后交第一程运输的承运人，此实际承运人接受装箱货物后向多式联运经营人签发本区段运输提、运单。

此项业务可由多式联运经营人以托运人的身份进行，与发货人和其代理人无关。若第一承运人代为中转，多式联运经营人应通知第二区段承运人，准备接运货物。

7. 签发单据

多式联运人或其代理人接受货物后，在场站收据上签字盖章，发货人凭此单据到多式联运经营人、分支机构或其代理人处换取多式联运全程运输单据。发货人凭多式联运提单、保险单和发票等信用证要求的有关单据到银行结汇。

8. 中转过境

在中转站不同运输方式间的中转，可由多式联运经营人分支机构或其代理组织，也可由各区段的实际承运人代为办理。如果货物在目的港交付，则在目的港海关报关，若在进口国内地交付，则在海关监管下在口岸办理保税运输手续，即转关。

9. 交付货物

货物到达目的地后一般放在保税仓库的集装箱堆场或货运站，由当地代理通知收货人提货，收货人或其代理人需凭多式联运提单换取提货单，凭提货单到进口国海关办理进口节关手续。如是整箱，收货人掏箱后需返还空箱。如为拼箱，则可直接提货。

10. 处理货运事故

如果全程运输中发生了货物灭失或损坏，可以按照以下方法处理货运事故。

（1）无论是否可确定灭失或损坏的区段，收货人或发货人均可在有效的时间内向多式联运人提出索赔。

（2）如能确定事故发生的区段和实际责任人，则由多式联运经营人向其追偿。

（3）如不能确定事故发生的区段和实际责任人，则根据多式联运所选定的使用法律或国际规则，或多式联运人与分区段承包人的分合同约定处理。

（4）如已对所运货物及责任投保，也可先向保险公司索赔，然后由保险公司向责任人追偿。

（5）如果索赔人和责任人不能达成一致，可在有效诉讼期内通过协议进行仲裁或向法院提起诉讼。

四、陆桥运输

大陆桥运输，也称陆桥运输，是指使用横贯大陆的铁路、公路运输系统作为中间桥梁，把大陆两端的海洋连接起来，形成跨越大陆、连接海洋的运输组织形式。

1. 西伯利亚大陆桥运作

西伯利亚大陆桥（Siberian Landbridge, SLB），东起俄罗斯的海参崴，西到荷兰的鹿特丹港。因其地跨亚、欧两个大陆，所以又称第一亚欧大陆桥。

SLB运输主要采用以下三种方式。

（1）铁—铁方式。它是用船把货物运至东方港、纳霍德卡港（或者通过满洲里、二连浩特、阿拉山口等陆路口岸进入俄罗斯），再用火车运到俄罗斯西部边境站，然后继续用铁路运至欧洲和伊朗等或相反方向的运输。

（2）铁—海方式。它是用船把货物运至东方港、纳霍德卡港，再用火车运到波罗的海和黑海的港口，然后装船运至北欧、西欧、巴尔干地区的港口，最终交收货人。

（3）铁—卡方式。它是用船把货物运至东方港、纳霍德卡港，再用铁路运至俄罗斯西部边境布列斯特附近的奥托布列斯特，然后用卡车将货运至德国、瑞士、奥地利等国。

2. 北美陆桥运作

北美地区的路桥运输不仅包括大陆桥运输，而且还包括小陆桥运输和微桥运输等其他运输组织形式。

（1）北美大陆桥运输，指的是利用北美的大铁路从远东到欧洲的“海陆海”联运。

（2）美国小陆桥运输，也就是比大陆桥的海—陆—海形式缩短一段海上运输，成为海—陆或陆—海形式。

（3）美国微型陆桥运输，就是没有通过整条陆桥，而只利用了部分陆桥区段，是比小陆桥更短的海陆运输方式。

（4）美国内陆公共点运输，称为内陆公共点或陆上公共点，是使用两种运输方式将卸至美国西海岸港口的货物通过铁路转运至指定地点的内陆公共点地区，运输中可享有优惠运价。

（5）美国内陆点多式联运，是指使用联运提单，经美国西海岸沿海港口，利用集装箱拖车或铁路运输将货物运至美国内陆城市的运输方式。

3. 新亚欧大陆桥运作

新亚欧大陆桥，也称亚欧第二大陆桥，东起中国的连云港，西至荷兰鹿特丹港，全长10 837km，其中在中国境内4 143km，途径中国、哈萨克斯坦、俄罗斯、白俄罗斯、波兰、德国和荷兰7个国家，可辐射到30多个国家和地区。1990年9月，中国铁路与哈萨克铁路在德鲁日巴站正式接轨，标志着该大陆桥的贯通。1991年7月20日开办了新疆—哈萨克斯坦的临时边贸货物运输。1992年12月1日由连云港发出首列国际集装箱联运东方特别快车，经陇海、兰新铁路，西出边境站阿拉山口，分别运送至阿拉木图、莫斯科、圣彼得堡等地，标志着该大陆桥运输的正式开办。

任务实施

活动：国际多式联运业务流程运作。

步骤一：委托并签订多式联运合同。

步骤二：提取空箱，托运人到指定地点装货。

多式联运经营人富天公司接受了托运人温州市进出口公司的托运，对托运货物要编制运输计划。运输计划要符合托运人的托运要求，要符合合理性、经济性和不可变性的要求。然后安排运输路线、订舱配载、接货，安排内陆运输、仓储、装箱，将装妥的集装箱送至承运人指定的收货地厦门，装运。

步骤三：办理出口报关。

步骤四：货物装箱并接受货物。

步骤五：订舱并组织安排货物的运输。

步骤六：办理保险。

步骤七：承运人自己或通过其代理签发提单或运单给多式联运经营人。

富天公司加封铅，箱号为SCXU5028957，铅封号11021，并签发了号码为RS-95040的一式三份正本全程多式联运提单，厦门外轮代理公司以代理身份盖了章。该份清洁记名提单载明：收货地厦门，装货港香港，卸货港布达佩斯，收货人为雁山公司。提单正面管辖权条款载明：提单项下的纠纷应适用中国香港法律并由香港法院裁决。

步骤八：国际多式联运经营人另外签发国际多式联运提单，交托运人结汇。

2012年2月23日，货抵香港后，富天公司将其转至以星公司所有的海发轮（M/V ZIMHAIFA）承运。以星公司在香港的代理新兴行船务公司签发了号码为ZIMUHKG166376的提单，并加号码为ZZZ4488593的箱封。富天公司收执的提单上载明副本不得流转，并载明装货港香港，目的港科波尔，最后目的地布达佩斯；托运人为富天公司，收货人为富天公司签发的正本提单持有人及本份正本提单持有人，通知人为雁山公司，并注明该箱从厦门运至布达佩斯，中途经香港。

步骤九：办理通关结关手续。

以星公司在香港的代理新兴行船务公司办理出口结关手续，提交结关单据，如商业发票。

步骤十：货物交付。

2012年6月6日，雁山公司提货。

步骤十一：货物事故处理。

应用训练

目前，国际多式联运业务越来越多，深圳宏达国际货运有限公司意图扩大国际多式联运业务范围，请帮助该公司分析中国市场国际多式联运业务的常见形式和发展趋势。

拓展提升

三种货运代理异同比较

国际多式联运经营人、无船承运人和传统货运代理异同比较，见表2-4。

表2-4 国际多式联运经营人、无船承运人和传统货运代理异同比较

项目		多式联运经营人	无船承运人	传统货运代理
相同之处		它们均属于运输中间商，其主要业务是为供需双方提供运输服务或代理服务，以赚取运费或代理费		
不同之处	涉及运输方式	至少两种运输方式	海运	海、陆、空
	法律地位	对货主而言是承运人，对各区段承运人而言是货主	对货主而言是承运人，对船公司而言是货主	代理人
	资金占用	很大	较大	很少
	是否拥有船舶	必要时可以拥有	禁止拥有	禁止拥有
	是否拥有陆运与空运工具	必要时可以拥有	必要时可以拥有	禁止拥有
	是否有自己的提单	有	有	无
	是否有自己的运价表	有	有	无
	收入性质	运费（差价）	运费（差价）	代理费或佣金

任务评价

项目	任务内容		结果
知识水平	1. 了解国际多式联运特点，10分 2. 了解国际多式联运条件，10分		
拓展能力	熟悉国际多式联运业务操作，40分		
任务实施	铁海联运业务流程分析，40分		
综合评价：			
知识考核	技能考核	实操考核	综合得分
□1□2□3□4□5	□1□2□3□4□5	□1□2□3□4□5	
教师签字：			年 月 日

项目内容

项目三　租船订舱

任务一　了解租船业务

任务二　掌握租船的主要操作流程

任务三　掌握订舱流程

项目三　租船订舱

租船订舱是租船和订舱的合成词。租船订舱在货物交付和运输过程之中，如货物的数量较大，可以洽租整船甚至多船来装运，这就是租船；如果货物量不大，则可以租赁部分舱位来装运，这就是订舱。

当卖方备妥货物，收到国外开来的信用证，并且经过审核无误后，能否做到船货衔接，按合同及信用证规定的时间及时将货物出运，主要决定于租船订舱这个环节。

任务一　了解租船业务

任务目标

知识目标

1. 掌握租船运输的特点
2. 掌握租船的方式
3. 熟悉各种方式租船的特点

能力目标

1. 能够合理选择适合的租船方式
2. 区别各种方式租船的费用划分

任务描述

因荣信公司与雅夫公司销售合同上达成的是以CFR方式成交，则主运费由卖方承担，租船订舱也由卖方完成。王天联系宏达公司苏姗，了解租船有哪些种类，该如何选择？是否适合荣信公司吊灯的运输？如果选择租船，该去哪里租船？

知识准备

国际上众多的船公司，从主要经营方式来看租船运输方式所占比例最多。这种运输方式的经营人有可能是经营船舶的所有人，也有可能是从其他船公司租进船舶进行租船运输经营的二船东。也有一些靠租进和租出船舶为业，既不拥有船舶，也不拥有货物的中间租船人或称第二船东，以中间差额为盈利目的从事租船业务。

一、租船运输所具有的基本特点

（1）定航线，不定船期。

（2）租船运输适宜大宗货。

（3）租金率或运费率根据租船市场行情来决定。

（4）装卸费的分担根据租船合同商定的条款决定何方支付。

（5）一般通过船东的经纪人和租船人的代理人洽谈成交租船业务。

（6）各种租船方式均有相应的标准合同格式。

（7）租船合同条款由船东和租船人双方自由商定。

（8）租船合同条款涉及法律性的较少，大多数为技术性的条款。

二、租船运输的经营方式

租船运输又称不定期船运输，船公司经营不定期船的方式主要是将船舶以光船、定期或航次这三种租赁形式，出租给租船人使用该轮船的运输能力。国际上船舶租赁方式可分为三大类：

（1）光船租船，包括光船租船和光船租购。

（2）定期租船，它是一种定期租船和航次期租船的方式，兼具航次租船的特点。

（3）航次租船，包括单航次租船、往返航次租船、连续单航次租船和包运合同租船等。

三、各种租船方式的性质和特点

1. 光船租船方式的性质和特点

光船租船又称租船，船东在租期内将空船出租给租船人使用，并将船舶的控制权和占有权也一并交给租船人。租船人按合同规定在租期内按期向船东支付租金，负责提供船员、供应和装备船舶、船舶的营运管理和费用。租船人在租期内成为该船临时特定的船东使用船舶。这种租船方式一般具有下列特点：

（1）光船租船方式是由船东和租船人的特殊目的而形成。首先船东仅把船舶作为投资的对象，他们本身不是常规的航运公司，造好船后就将船舶长期光租给航运公司，以此收取租金作为投资回收和赚取利润。另外，一些船公司不愿冒竞争的风险也有可能将船舶以光租形式出租给其他船公司。

（2）船舶所有人只提供空船。

（3）全部船员由承租人配备并听从承租人的指挥。

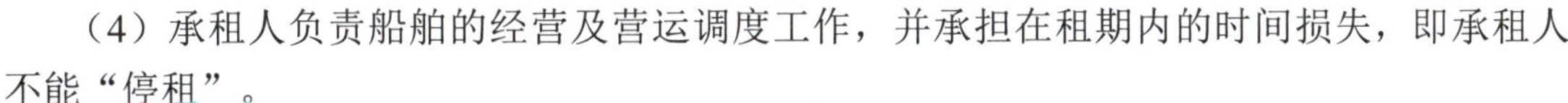

（4）承租人负责船舶的经营及营运调度工作，并承担在租期内的时间损失，即承租人不能“停租”。

（5）除船舶资本费用外，承租人承担船舶的全部固定及变动费用，见表3-1。

表3-1　光船租船经营费用划分

负　责　人	费　　用
船东负责	折旧费、船舶保险费△、船舶检验费△、经纪费
租船人负责	燃油费、港口使用费、货物装卸费、扫舱洗轮费、垫舱物料费、空航费（若产生的话）、代理费和经纪费、货物索赔、船员工资伙食、维修保养、物料供应品和设备、润滑油、淡水、船舶保险费△、船舶检验费△、企业一般管理费

注：带“△”符号的项目根据合同规定由船东负责或由租船人负责。

船东在考虑租金率时，表3-1中的费用应作为起码的保本费率，再加上预期盈利来洽谈租金率。

（6）租金按船舶的装载能力、租期及商定的租金率计算。

（7）合同通常订明光船租赁前及租赁期内产生的船舶担保物权的问题。

2. 定期租船的性质及特点

定期租船是船舶所有人将船舶租给他人使用一定时期的租船方式。它以约定的某段期间为租期，在此租期内船东收取租金，租船人使用该船的运载能力。它具有以下特点。

（1）经营费用划分，见表3-2。租期内的船舶燃料费、港口费用以及拖轮费用等营运费用都由承租人负担，船东只负责船舶的维修、保险、配备船员和供给船员的给养以及支付其他固定费用。

表3-2　定期租船经营费用划分

负　责　人	费　　用
船东负责	船员工资伙食、维修保养、物料供应品和设备、润滑油、淡水△、船舶折旧费、船舶保险费、企业一般管理费、经纪费、部分货损货差索赔
租船人负责	燃油费、港口使用费、货物装卸费、扫舱洗轮费、垫舱物料费、空航费、淡水△、承运货物产生的经纪费和代理费、部分货损差索赔△

注：带“△”符号的项目表示该项费用视合同规定由谁负责。

（2）租金支付。定期租船的租金在租期内不变，支付方法一般按船舶夏季载重线时的载重吨每吨每月若干货币单位计算，每30天或每半月预付一次。

（3）人员配备。船长由船舶所有人任命，船员也由船舶所有人配备，并负担他们的工资和给养，但船长应听从承租人的指挥，否则承租人有权要求船舶所有人予以撤换。

（4）营运调度。由承租人负责，并负担船舶的燃料费、港口费、货物装卸费、运河通行费等与营运有关的费用，船舶所有人则负担船舶的折旧费、维修保养费、船用物料费、润滑油费、船舶保险费等船舶维持费。

（5）船舶的载重吨、租期长短及商定的租金率计算。

3. 航次租船的性质和特点

航次租船是船东负责提供一条船舶，在指定的港口之间或区域之间（多个装货港或卸货港）进行一个航次或数个航次承运租船人指定的货物，租船人向船东支付相应运费的租船运输方式。它一般具有以下特点。

（1）船东占有和控制船舶，负责船舶的营运调度工作。租船人指定装卸港口和货物。

（2）租船人向船东支付运费（不称租金）。运费的确定以货物品种、数量、航线和装卸港条件好坏、租船市场行情等多种因素综合考虑每吨货物的运费率，或者采用包干运费方式，不按每吨费率计收运费而提出一笔总运费，让租船人装足为止。

（3）船东负责营运费用，除装卸费由谁支付可协商之外的营运费用都是船东负担的。

（4）采用航次租船方式要规定可用于在港装卸货物的时间、装卸时间的计算方法、滞期等。

（5）航次租船方式根据双方约定的航次数又可分为下列几种情况。

1）单航次租船。这是仅仅洽租一个单程航次的租船方式。

2）来回航次租船。它是洽租一个往返航次的租船方式。所租用的船舶在完成一个单航次后，即在本合同中的卸货港装上回程货运回原装货港，卸完货后合同才告终止。

3）连续单航次或连续来回航次租船。这是洽租连续完成几个单航次或几个来回航次的租船方式。这种方式下，同一艘船舶在同一航线上连续完成合同规定的两个或两个以上的单航次或来回航次，则合同终止。

4）包运合同。它是指在规定的期限内，在船东和租船人预先同意的港口或区域内，船东指派船舶将规定的货物数量在规定的期限内平均分为多个航次有规律地运完。各航次的船舶分别由船东指派同一或不同的船舶。

任务实施

活动：谈谈你心中的租船市场。

步骤一：学习资料。教师组织学生学习下列资料，各组学生应从资料中查找有用信息，并作简要记录。

步骤二：学生讨论问题。学生重点讨论以下问题：租船在何处完成？大宗交易通过谁进行？中间人能做哪些工作？

步骤三：谈想法。各组派代表谈谈对租船市场的看法。

步骤四：教师点评。教师点评各组学生的表现及其观点。

应用训练

深圳宏达国际货运有限公司接到客户的委托，希望帮助租船运输一批货物到印度尼西亚，该公司工作人员询问客户希望以什么样的方式租船，客户并不清楚，请以工作人员的身份向客户解释租船的几种方式。

拓展提升

包运合同

包运合同，又称大合同（COA），即只确定承运货物的数量及完成期限，不具体规定航次数和船舶艘数的一种租船方式。其特点如下。

（1）包运租船合同中不确定船舶的船名及国籍，仅规定船舶的船级、船龄和船舶的技术规范等，船舶所有人只需比照这些要求提供能够完成合同规定每航次货运量的运力即可，这对船舶所有人在调度和安排船舶方面是十分灵活、方便的。

（2）租期的长短取决于货物的总量及船舶航次周期所需的时间。

（3）船舶所承运的货物主要是运量特别大的干散货或液体散装货物，承租人往往是业务量大和实力强的综合性工矿企业、贸易机构、生产加工集团或大石油公司。

（4）船舶航次中所产生的时间延误的损失风险由船舶所有人承担，而对于船舶在港装、卸货物期间所产生的延误，则通过合同中订有的延滞条款的办法来处理，通常是由承租人承担船舶在港的时间损失。

（5）运费按船舶实际装运货物的数量及商定的费率计收，通常按航次结算。

由此可见，包运租船在很大程度上具有连续航次租船的基本特点。

任务评价

项　目	任务内容		结　果
知识水平	了解租船的种类，10分		
拓展能力	1. 分析光船租船的特点，15分 2. 分析定期租船的特点，15分 3. 分析航次租船的特点，15分		
实践能力	1. 区别光船租船、定期租船、航次租船，45分		
综合评价：			
知识考核	技能考核	实操考核	综合得分
□1□2□3□4□5	□1□2□3□4□5	□1□2□3□4□5	
教师签字：			年　月　日

任务二　掌握租船的主要操作流程

任务目标

知识目标

1. 了解航次租船的操作流程
2. 了解定期租船的操作流程

能力目标

1. 具备操作航次租船的能力
2. 具备操作定期租船的能力

任务描述

宏达货代公司苏姗对客户荣信公司王天的疑问解释得很细致，明确告知荣信公司的500箱吊灯运量小，且停靠港口是世界大港，没有必要租船运输承担过多风险。但王天认为租船便宜，很希望了解一下租船的流程及租船合同的相关内容。

请帮助苏姗向王天进行说明。

知识准备

一、航次租船流程

1. 订船阶段

（1）发布船舶动态。将船舶规范、所空港口与日期以电子邮件的形式向市场报出，对重点客户再通过MSN、电话等方式联系沟通。

（2）航次预算。对接到的货盘进行筛选，对于可以考虑的通过“航次预算表”或航运软件进行初步核算日租金，保留每票货的预算记录，以便总结参考。

（3）港口情况查询。向装卸两港代理仔细咨询港口情况，如港口简介、可供泊位、是否压港、是否有吃水限制、装卸效率、近期节假日安排等。

（4）还盘。针对不同的市场环境，对条款进行适当把握，原则性条款要坚持，对于比较容易引起争议的条款应给予足够重视。

（5）查询租家背景及订船记录。对不熟悉的租家尽量要求其提供营业执照、完税证明等，如果是某些知名大公司的下属公司，务必找到证据，如在其公司网站上可以查到公司间的关联。跟以前有业务往来的船东查询此租家的信誉度、运费滞期费的支付情况等。对于信誉好的租家，有时即使日租金比其他货稍微低一些，也要争取与其合作，防范滞期费纠纷带来更大的损失。同时，平时要对租家信息整理归类，作出评价，以供日后参考。

（6）签订租船合同。

2. 操作阶段

（1）加油。

1）随时关注船上的存油是否足够到达下一可加油港口，每次安排加油的数量原则上以加完油后足够30天使用为宜，根据每条船的不同情况灵活安排。

2）向至少3家以上加油商咨询价格，把握原油价格的波动趋势，把握加油时机与加油量。争取尽量长时间的付款期限，保持与加油商的良好关系。

3）向加油港口代理询问港口使用费及港口情况，并指定代理。可以在外锚地加油的，尽量在外锚地加油，以免产生不必要的港口使用费。

4）给加油港口代理提供所需文件及信息。

5）加油前向加油商索要油的质量检测报告，让机务部预先评价油的质量。

（2）装港。

1）航次指示。将合同主要条款、装卸港代理联系方式及装卸港港口资料发给船长或在前一个卸港以传真的形式发给代理，让代理转交给船长，无论何种货物，航次指示上都要提醒船长在大副收据上务必添加批注。

2）指定装港代理。将船舶规范与合同主要条款发给几家代理公司，慎重选择代理，对代理公司进行整理归纳，并作出评价，争取每个港口有至少两家稳定可靠的代理为我们服务。

3）查备货情况。合同定好后，第一时间向租船方索要发货人的联络方式，查询货物是否为实货。

4）查港口情况。船到装港前几天尤其要关注港口作业船舶和靠离船舶的准确情况，到港前几天向代理催要靠泊计划。对于港口压港严重，明显会产生高额滞期费的情况，要及时跟租船方沟通。

5）证书的提供。指定代理后，及时咨询代理所需的船舶证书，并尽早将证书传给代理以供其在船舶到达装港前及时报关。

6）通报船舶动态。将装港代理联络方式及时告知租船方，每天向租船方和代理通报船舶动态。

7）监督和督促工作。船舶到达装港锚地后，关注靠泊、开始装货、结束装货、开航情况。

8）审核装船单据。船从装港开出后，向代理索要相关装货单据（提单、大副收据、舱单、积载图、事实记录、理货报告等），并仔细地审核这些单据。如果与实际有出入或不符时尽快通知代理进行更正。

9）运费回收。根据大副收据上的货物数量与航次租船合同制作发票，并传给租船方索要运费。

10）签放提单。根据租约、收到租船方运费汇款或真实银行的水单之后，才可考虑让代理签放提单。如果提单与大副收据不符或者大副收据上有批注，又或者需要换单等情况，都需要租船方或发货人的保函才可签发清洁提单或换单。

11）安排港使费。仔细审核港口使用费单据上的每一项是否有错，包括费率及计算数据。每一项费用必须以代理当时的书面报价为依据，口头报价不被认可。

（3）卸港。

1）指定卸港代理。将船舶规范与合同主要条款发给几家代理公司，咨询预计港口使用费与港口一般情况（港口位置、是否压港、是否有吃水限制、近期节假日安排、装货效率、天气情况等）。在得到报价后综合考虑报价、公司实力、可信任度等因素，指定一家代理公司作为装港代理。如果是租船方指定的代理，也要同时咨询几家代理的报价，并参考几家报价将租船方指定代理的报价谈到合理的水平。

2）航次指示。有特殊原因卸港及卸港代理没有在上一航次卸港通知递交给船长的情况下，应将航次指示发给船长或发给装港代理，让代理转交给船长。

3）单据的提供。指定代理后及时咨询代理所需的文件，并尽早将其传给代理以供其在船舶到达卸港前及时办理船舶通关手续。

4）通报船舶动态。将卸港代理联络方式及承运船舶动态及时告知租船方，每天向租船方和代理通报船舶动态。

5）查收货人。将卸港代理的联系方式给租船方，让收货人联系卸港代理或直接向租船方索要收货人的联络方式，通知卸港代理让其联络收货人，查询收货人的货物进口通关手续是否及时办好。

6）细查港口情况。每天查询港口情况。船舶到达卸港前几天尤其要关注港口作业船舶和靠离船舶的准确情况，到港前几天向代理催要靠泊计划。对于港口压港严重，明显会产生高额滞期费的情况，要及时跟租船方沟通，让其做港口工作。滞期费已经产生半天后立即制作发票给租船方。

7）监督和督促卸货工作。船舶到达卸港锚地后，关注靠泊、开始卸货、结束卸货、开航情况。

8）卸货单据。船从卸港开出后，向代理要相关卸货单据。

9）放货安排。收到全款运费后，若收货人持有正本提单，且承运人与租船方无滞期费等纠纷，可以确认代理放提货单（D/O）给收货人。若收货人没有正本提单，需收货人提供银行保函。

10）滞期费计算。除了之前提到的在装卸港的特殊解决方法之外，对于信誉好的租船方，可以根据合同中规定的时间将滞期费、速遣费、延滞损失在合同规定的时间内计算完毕，并将计算文件与装卸事实记录提供给租船方，以供租船方计算，达成共识，并及时催促租船方支付滞期费。

11）安排港使费。尽量争取见到实际单据再付款，除非代理坚持预付并会因此影响船舶离港的情况。仔细审核港使费单据上的每一项。

12）相关客户回访。对合作过的租船方、发货人、收货人保持密切联系，以维持长久合作关系。

（4）航次总结。航次结束后，将本航次相关的所有往来文件打印留底，将所有应收回的正本单据收回后装订成册，将相关想法和总结记录在册。

二、定期租船流程

1. 询盘

定期租船通常由承租人以期望条件，通过租船经纪人寻求租用所需要的船舶，即货求船。主要内容为：承租人的名称和营业地点、货物种类、名称、数量、包装形式、装卸港口或地点、受载期及解约日、租船方式和期限、船舶类型、载重量、船龄、船级、交船和还船地点、航行范围、租船合同范本等。

2. 发盘

发盘是出租人对承租人询盘的回应。实盘具有绝对成交的意图，主要条款明确肯定、完整而无保留，具有法律效力，规定了对方接受并答复的期限。如发盘方在发盘中对其内容附带某些保留条件，所列各项条件仅供双方进行磋商，则为虚盘，不具约束力。

3. 还盘

租船方如果对交易条件有异议，可与船东进行商议还价，称为还盘。

4. 报实盘

在经过多次还盘与再还盘之后，如果双方对租船合同条款的意见趋向一致，一方可以报实盘的方式要求对方作出是否成交的决定。

5. 受盘

受盘又称接受订租，即一方对实盘所列条件在有效期内明确表示承诺的意见，至此租船合同即告成立。

6. 签订订租确认书

订租确认书应详细列出船舶所有人和承租人在洽租过程中双方承诺的主要条款，一般包括确认书日期、船名或可替代船舶、双方当事人的名称和地址、货名、数量、装卸货港、装卸船期、装卸费用负担责任、运费或租金及支付方法、有关费用的分担（港口使用费、税收等）、亏仓费计算、所采用标准租船合同、其他特殊约定以及双方当事人签字等。

7. 编制、审核、签订正式租船合同

订租确认书是一份供双方履行的简式合同，双方可按照已达成的协议编制、审核并签署正式的租船合同。

任务实施

活动：模拟租船合同。

步骤一：学习租船合同文本。要求学生搜集租船合同样本，并进行学习。

步骤二：分析租船合同。学生仔细分析租船合同，并说明租船合同的主要内容。

步骤三：草拟租船合同。根据荣信公司的情况，请各组同学帮助其草拟一份租船合同。

步骤四：教师点评。教师点评合同内容，分析容易出现纠纷的地方。

应用训练

深圳宏达国际货运有限公司收到客户的资料，请根据资料制作一份租船合同，如图3-1所示。

<table>
<tr><td rowspan="3">提单或承运收据</td><td>抬头人</td><td>TO THE ORDER</td><td>出口口岸</td><td>DALIAN</td><td>目的港</td><td>TRIESTE</td></tr>
<tr><td>通知人</td><td>LILLY S.P.A. VIAG
38176
VENEZIA-MESTRE,
ITALY</td><td>可否转运</td><td>N</td><td>可否分批</td><td>N</td></tr>
<tr><td>运费
预付/到付</td><td>FREIGHT PREPAID</td><td>装运期限</td><td>MARCH 22,2012</td><td>有效期限</td><td>APRIL 5,2012</td></tr>
<tr><td>货名规格及货号</td><td>HS·CD</td><td>件数及包装样式</td><td>数量/尺码</td><td>毛重（公斤）</td><td>净重（公斤）</td><td>价格（成交条件）
总价</td></tr>
<tr><td>MAXAM TOOTH PASTE</td><td>6211324657</td><td>567CTNS</td><td>68.04CBM</td><td>5 670KGS</td><td>5 386.5KGS</td><td>USD102 060.00</td></tr>
<tr><td>标记唛头</td><td colspan="6">LILLY
348442
TRIESTE
C/NO.:1-567</td></tr>
<tr><td rowspan="4">注意事项</td><td colspan="4" rowspan="4"></td><td>总体积</td><td>68.04CBM</td></tr>
<tr><td>业务员</td><td>张娜</td></tr>
<tr><td>单证员</td><td></td></tr>
<tr><td>运输员</td><td></td></tr>
</table>

图3-1　承运收据样本

拓展提升

租船合同中的装运条款

1. 装卸港口

装卸港口规定方法如下。一种是明确订明装卸港的数目和名称，在这种情况下，承租人必须事先确定装卸港，否则如果事后要求改港，船东可以索赔损失或拒绝改港。另一种

是笼统地规定一个装卸区，供租船人选择。

多个港口指定的顺序：如船方在租船合同中允许租船人使用一个以上的装卸港，应注意订明按地理上的顺序指定，否则会造成船方由于在不同的港口之间来回航行引起的损失。

2. 装卸费用

（1）约定装卸费用的分担。例如，班轮条款、舱内收货条款、舱内交货条款、舱内收交货条款、舱内收交货和堆舱、平舱条款、不负担卸货费用、负担卸货费用。

（2）约定由哪一方雇佣装卸工人并承担装卸作业中的风险和责任。例如，“班轮条款”中，出租人承担装卸费用，还应由其雇佣装卸工人并承担装卸作业中的风险和责任。

（3）与货物买卖合同的价格条件相衔接。例如，以“到岸价格、舱底交货”条件出口交货，已约定卸货费用由买方负担，不计入货价。因此，航次租船合同中应约定出租人不负责卸货费用。

（4）港口、泊位条款。

1）安全泊位条款。船东负担船舶靠装或靠卸货物中的一至两个安全泊位所引起的一切费用。即船东负担一次靠泊费和一次移泊费，而一次移泊以上的费用应由租船方负担，此条款引起的争议较多。

2）安全港口条款。船东负担靠装或靠卸船舶的进出一至两个安全港口所引起的一切费用。

3. 装卸时间

（1）装卸时间的期限，是指船舶进入装卸期从起算时起至终止计算时间为止的整个时间。

（2）出租人有义务在规定的装卸时间内让船舶等待和有效装卸，承租人有义务在规定的时间内及时装货和卸货并完成货物的装卸事宜。

（3）时间损失在期限内由船东承担，进入合同装卸时间，时间风险责任在承租人一边，此条款涉及双方的经济利益，应在合同中有明确的规定。

（4）装卸日的规定及含义。

1）日是指从午夜到午夜连续24小时的时间，即日历日。从装、卸货开始至完毕时止所经历的日历日数就是总的装货或卸货时间。

2）连续日是指连续24小时为一天。

3）工作日是指没有被租船合同明确排斥于装卸时间之外，并且不属于节假日的日数和部分时间，通常加上“星期日、节假日除外”一语。若允许将在星期日、节假日进行的装卸工作时间计入装卸时间，应在后面再添上“除非已经使用”一语。

① 累计8小时工作日指不管港口习惯工作时间如何，累计进行装卸作业8小时即为1个工作日。

② 累计24小时工作日。其含义与前述相似。

4）晴天工作日，这里的“良好天气”是有特定含义的，即只要不影响货物的正常装卸作业的天气就算是“良好天气”。实践中由承租人与船长根据当时所处位置及环境、天气等对船舶作业和货物质量的影响及其程度进行磋商决定。

24小时良好天气工作日是指不考虑港口规定的工作日时间是多少小时，也不论工作小时数实际跨越几天时间，以累计24小时为一个晴天工作日。

连续24小时良好天气工作日是指扣除法定节假日、天气不良等影响装卸的工作日或小时后，其余的时间以真正的连续24小时为一日的表示装卸时间的方法。

任务评价

项　　目	任务内容		结　　果
知识水平	1. 了解航次租船流程，20分 2. 了解不定期租船流程，20分		
拓展能力	熟悉租船合同内容，30分		
实践能力	缮制租船合同，30分		
综合评价：			
知识考核	技能考核	实操考核	综合得分
□1□2□3□4□5	□1□2□3□4□5	□1□2□3□4□5	
教师签字：			年　　月　　日

任务三　掌握订舱流程

任务目标

知识目标

1. 了解海运订舱流程
2. 了解空运订舱知识

能力目标

1. 能够办理海运、空运订舱业务
2. 缮制海运、空运订舱单

任务描述

经过多次交流，荣信公司王天明白自己的货物运送量小，且停靠港口属国际著名港口，业务量大，往来班轮多，还是进行班轮运输更为方便快捷。王天整理了公司资料，请苏姗代为填写订舱委托书。

广州市荣信经贸发展有限公司（Guangzhou Rongxin Economies Development Co., Ltd）地址：广州市东风西路252号（252，Dong Feng West Road, CHI-GUANGZHOU）。该公司与澳大利亚雅夫有限公司（YAFU Co.,Ltd.）建立合作关系。雅夫公司地址：123，Sydney AV, AUS-SYDNEY。2012年11月10日签订销售吊灯500箱的合同，并约定于2012年12月底装船。2012年11月15日，荣信公司王天委托宏达货代公司代为办理该笔业务。

货物品名：吊灯（Droplight）　　　　合同号：RX20121110

发票号：2012RX001

信用证号：2012LC123756　　　　商品编号：94051000

货物总体积：14.08m^3

货物总重：1000KGS　　净重：980KGS

单价：USD100 PER PC CIF SYD

货物数量：500件，500箱　　装运港：深圳港（深圳）

目的港：悉尼港（Sydney）

货代公司：深圳宏达国际货运有限公司

运输方式：江海运输

卖方：广州市荣信经贸发展有限公司，单位代码4401234567

唛头：YAFU

RX20121110

SYDNEY

NO.1-500

知识准备

订舱是货物托运人或其代理人根据其具体需要，选定适当的船舶向承运人（即班轮公司或它的营业机构）以口头或订舱函电方式进行预约订舱装货、申请运输，承运人对这种申请给予承诺的行为。

订舱单上通常会有货名、重量及尺码、起运港、目的港、收发货人、船名等内容。承运人对这种申请（预约）给予承诺后，就会在舱位登记簿上登记，即表明承托双方已建立了有关货物运输的关系，并着手开始货物装船承运的一系列准备工作。

一、海运订舱流程

（1）订舱人把托运单给船公司，托运单上必须盖有订舱人订舱章或公章。内容中必须注明：托运人、收货人、被通知人、具体目的港、件数、毛重、尺码、运费条款（预付、到付、第三地付款）、货物品名、出货日期、其他要求（如熏蒸、报关、报验等）。如订舱人指定无船承运人，也应在托单上注明。

（2）船公司按照托单上的要求配船，并发送进仓单给订舱人。进仓单上会注明进仓编号、仓库地址、联系电话、联系人、最迟进仓期。请订舱人务必按进仓编号，在最迟进仓期以前进仓。如果订舱人在最迟进仓期以后进仓，船公司将不能保证订舱人货物如期出运。

（3）海关的截关期一般为开船前一天上午10点。订舱人应在此日期之前一天将所有报关单据递交船公司（或通知船公司上门取单）；如需商检、熏蒸等耗时服务，需将相关单据提早寄至船公司（一般要求提前5～7个工作日），以免到时延误出口。

（4）船公司会在装船前一天传真提单确认件给订舱人，请订舱人尽量在装船以前确认回传，否则可能影响正常签发提单。开船以后，船公司在收到订舱人提单确认件一个工作日内签发提单并派送快件或由跑单人员送单。如要求倒签、预借提单或做电放，请出具盖有订舱人正本公章的书面保函。在允许范围内，船公司会按正常规定协助订舱人办理。

（5）货物出运后，船公司会提供目的港代理资料、二程预配信息给订舱人，订舱人可根据相关资料联系目的港清关提货事宜。

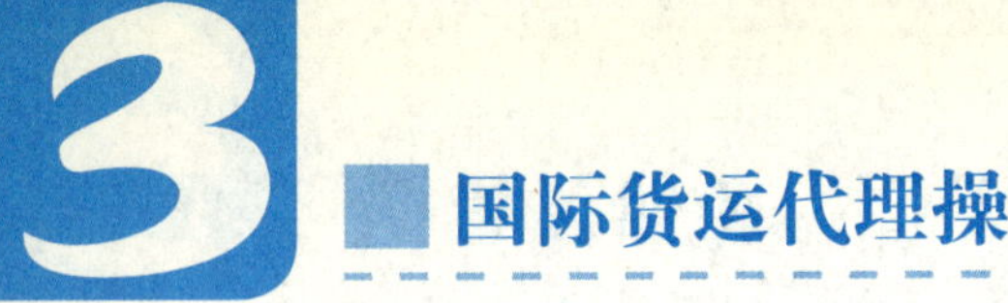

（6）核销退税单证一般在7～10天内就可办妥，订舱人可根据双方协议向船公司支付海运费，以及索取退税核销单。

二、空运订舱流程

（1）货代公司要求客户正确填写“航空货物订舱委托书”，并提供相关资料。

（2）货代公司确定客户的航空货量。

（3）货代公司统计自己货量，如有同航次货物集中货量。货代公司提前向航空公司代理申请舱位。

（4）航空代理确认舱位，给货代公司配舱回单。

（5）货代公司通知客户航班信息。

任务实施

活动：填制订舱委托书。

步骤一：学习任务描述内容。教师组织学生学习任务描述，了解任务资料中的买卖双方、货品名、货量、价格等要素。

步骤二：缮制订舱委托书。各小组研究订舱委托书，并根据资料填写委托书，参考图3-2。

步骤三：教师点评。教师根据学生作品进行点评，提示制单应注意的问题。

托运单号：

海运委托书

委托日期　　年　月　日

委托单位名称							
提单 B/L 项目 要求	发货人Shipper：						
	收货人Consignee：						
	通知人Notify Party：						
海洋运费（√）　预付　或　到付 Ocean fieght:　Prepaid or Collect:		提单份数		放单方式：	电放 _正本_		
起运港		目的港		可否转船		可否分批	
集装箱预配数	20GP	40'GP	40HQ	装运期限		预定船期	
标记唛头	件数及包装式样	中英文货号 Description of goods (In Chinese&English)	毛重（公斤）	尺码（立方米）	成交条件（总价）		
			特种货物 □ 冷藏品 □ 危险品	重件：　每件重量 大件： （长×宽×高）			
内装箱（CFS）地址			是否委托我司报关：是 _否_				
门对门装箱点	地址		是否委托我司安排拖车：是_否_				
	电话		联系人		是否需要转关：是_否_		

图3-2　订舱委托书样本

<table>
<tr><td rowspan="7">随附单证份</td><td>出口货物报关单</td><td></td><td>商业发票</td><td></td><td rowspan="8">委托方</td><td>委托人</td><td></td></tr>
<tr><td>出口收汇核销单</td><td></td><td>装箱清单</td><td></td><td>电话</td><td></td></tr>
<tr><td>进来料加工手册</td><td></td><td>出口许可证</td><td></td><td>传真</td><td></td></tr>
<tr><td>原产地说明书</td><td></td><td>出口配额证</td><td></td><td>地址</td><td></td></tr>
<tr><td>危险货物说明书</td><td></td><td>商检证</td><td></td><td rowspan="4">委托单位盖章</td><td rowspan="4"></td></tr>
<tr><td>危险货物包装证</td><td></td><td>动植物检疫证</td><td></td></tr>
<tr><td>危险货物装箱申明书</td><td></td><td></td><td></td></tr>
<tr><td colspan="5">备注：</td></tr>
</table>

图3-2　订舱委托书样本（续）

应用训练

2013年8月8日，深圳宏达国际货运有限公司接到客户委托，将一批茶叶发往意大利米兰，资料如下。

货物品名：绿茶　　合同号：EIDF20130808　　发票号：20130808EIDF

信用证号：2013LC3452　　商品编号：74387000

单价：USD438 每箱　　CIF 米兰

货物数量：200箱　　装运港：深圳港（深圳）　　目的港：米兰

货代公司：深圳宏达国际货运有限公司　　运输方式：江海运输

卖方：深圳红阳茶叶有限公司，单位代码12345678901

唛头：N/M

根据上述信息填制图3-3的空运订舱单。

<table>
<tr><td colspan="2">Shipper's Name and Address</td><td colspan="2" rowspan="2"></td></tr>
<tr><td colspan="2">Consignee's Name Address</td></tr>
<tr><td colspan="2" rowspan="2"></td><td colspan="2">Airfreight Charges: ☐ To be prepaid ☐ To be collected</td></tr>
<tr><td colspan="2">其他费用 ☐ To be prepaid ☐ To be collected</td></tr>
<tr><td colspan="2">Notify Party</td><td colspan="2">Type of Service Requires
☐ IATA (Direct) ☐ Consolidation ☐ Chartor</td></tr>
<tr><td colspan="2"></td><td>Export Licence No.</td><td>CO.No.</td></tr>
<tr><td>Carrier</td><td>From (Airport of departure)</td><td colspan="2" rowspan="2">Special Instruction：</td></tr>
<tr><td>To (Airport of destination)</td><td>Airline Counter-Singnature
☐ Yes ☐ No</td></tr>
</table>

图3-3　空运订舱单

<table>
<tr><td>Country of Oringin</td><td>Shipper's C.O.D.</td><td>Insurance Amount</td><td>Declared Value for Carriage</td><td colspan="2">Declared Value for Customs</td></tr>
<tr><td colspan="4">Marks, No. and kind of Packages; Description of Goods</td><td>Gross Weight</td><td>Measurement</td></tr>
<tr><td colspan="4"></td><td></td><td></td></tr>
<tr><td colspan="6">Documents to accompany airwaybill or house airwaybill
Packing List □ Commercial Invoice □ Certificate of Origin □ Others □</td></tr>
<tr><td colspan="6">在货物不能交付收货人时，托运人指示的处理方法 Shipper's instructions in case of Inability to deliver shipment as consigned
处理情况（包括包装方式、货物标志及号码等）Handling information (Incl.method of packing.ldentifying marks and numbers.Etc.)</td></tr>
</table>

图3-3 空运订舱单（续）

拓展提升

租船订舱的准则

出口公司根据船公司提供的船期表掌握船、货情况，在船舶抵达港口或截止签单前及时办理托运手续。

出口公司办理订舱手续时，力求准确无误，尽量避免加载（增加订舱数量）、退载和变载的情况发生，以免影响承运人和船、货代理人以及港务部门的工作。

对于发生额外特殊货物，如散装油类、冷藏货和鲜活货物的订舱，出口公司应事先通知承运人或船、货代理人，并列明要求。

任务评价

<table>
<tr><th>项　目</th><th colspan="2">任务内容</th><th>结　果</th></tr>
<tr><td>知识水平</td><td colspan="2">1. 了解海运订舱流程，20分
2. 了解航空订舱知识，20分</td><td></td></tr>
<tr><td>拓展能力</td><td colspan="2">了解海运订舱单，30分</td><td></td></tr>
<tr><td>实践能力</td><td colspan="2">了解空运订舱单，30分</td><td></td></tr>
<tr><td colspan="4">综合评价：</td></tr>
<tr><td>知识考核</td><td>技能考核</td><td>实操考核</td><td>综合得分</td></tr>
<tr><td>□1□2□3□4□5</td><td>□1□2□3□4□5</td><td>□1□2□3□4□5</td><td></td></tr>
<tr><td colspan="3">教师签字：</td><td>年　月　日</td></tr>
</table>

项目内容

项目四 做箱

任务一 认识集装箱

任务二 熟悉集装箱货运流程

任务三 了解集装箱运输及交接

项目四 做 箱

随着现代物流的发展，集装箱化程度日益增强。由于集装箱能够降低运输成本，保护货物安全，提高物流交易效率，目前已经成为现代运输和物流不可或缺的重要交通运输资源以及现代运输和物流的重要标志。目前国际贸易业务大多选择集装箱运输方式，出口货物在租船订舱完毕后就开始着手提箱装柜，进口货物则安排提箱拆箱返回空箱。作为货运代理，要熟悉集装箱货运知识，熟悉集装箱业务操作。

任务一　认识集装箱

任务目标

知识目标

1. 掌握集装箱的概念
2. 掌握集装箱的种类
3. 了解集装箱标记

能力目标

1. 能够选择合适的集装箱种类、箱型
2. 能够读懂集装箱标记
3. 能够区分海运、空运集装箱

任务描述

广州市荣信公司业务员王天致电宏达货代公司业务员苏姗，称其工厂已经将货物备妥，货代公司可以立即安排装柜了。王天对集装箱并不了解，他们公司的吊灯应装入什么样的集装箱？王天特意拍了一张集装箱标识的图片如图4-1所示，请苏姗介绍。

请以苏姗的身份向王天解释介绍集装箱知识。

图4-1　集装箱标识

知识准备

一、集装箱概述

集装箱（Container）又称“货柜”、“货箱”，原义是一种容器，具有一定的强度和刚度，专供周转使用且便于机械操作和运输的大型货物容器。因其外形像一个箱子，以集装成组货物，故称“集装箱”。

集装箱可以进行如下分类。

（1）按用途分类，集装箱分为干货集装箱、开顶集装箱、台架式及平台式集装箱、通风集装箱、冷藏集装箱、散货集装箱、动物集装箱、罐式集装箱和汽车集装箱。

（2）按其主体材料分类，集装箱分为钢制集装箱、铝制集装箱、不锈钢制集装箱和玻璃钢制集装箱。

（3）按结构分类，集装箱分为内柱式与外柱式集装箱、折叠式集装箱和薄壳式集装箱。

二、集装箱标记

集装箱标记包括：①为箱主代号；②为箱号或顺序号、核对数字；③为集装箱尺寸及类型代号；④为集装箱总量、自重和容积；⑤为集装箱制造厂名及出厂日期，如图4-2所示。

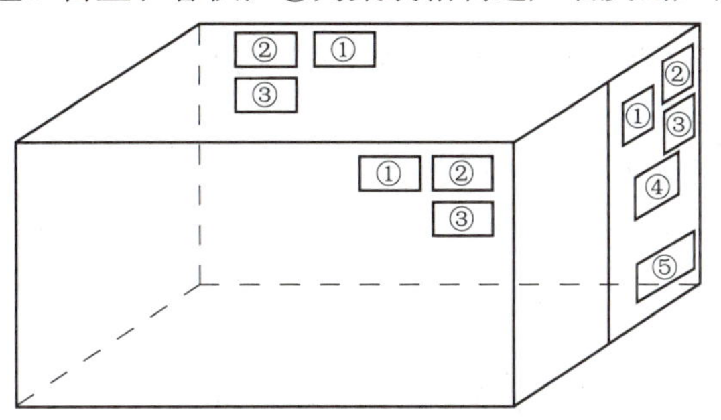

图4-2　集装箱标记代号的位置

（1）箱主代码，如图4-3所示。国际标准化组织规定，箱主代号由四个大写的拉丁文字母表示，前三位由箱主自己规定，第四个字母一律用U表示。这是集装箱必备标记。如“COSU”表示中国远洋运输公司的集装箱，图4-3中的“CCLU”表示该箱是中国海运集装箱公司的集装箱。

（2）顺序号，如图4-4所示，又称箱号，由6位阿拉伯字母组成。如数字不足6位，则在有效数字前用“0”补足6位。这也是集装箱必备标记。

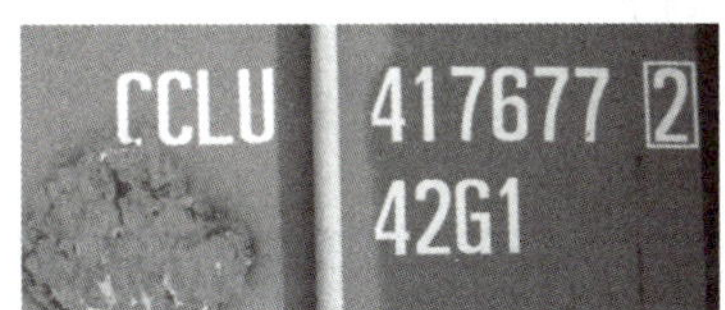

图4-3　箱主代码

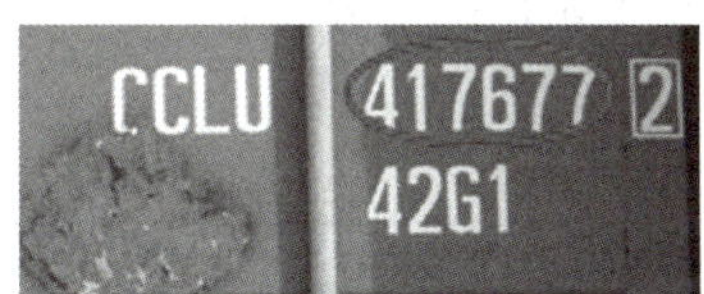

图4-4　顺序号

（3）核对数字，如图4-5所示。核对数字是用来核对箱主代号和顺序号记录是否准确的依据。它位于箱号后，以一位阿拉伯数字加一方框表示。这也是集装箱必备标记。

（4）国别代码。它指的是箱主公司所在国家的代码，是非强制性的，为自选代号，现在许多柜上不打此代码。图4-5上就没有国别代码。国别代码以两个或三个英文字母表示。例如，以US表示美国，以GB表示英国，以FR表示法国，以JP表示日本，以CN表示中国。

（5）尺寸代码，如图4-6所示。此代码中包含了箱子的长度、高度及是否有鹅颈槽三个信息。

图4-5　核对数字

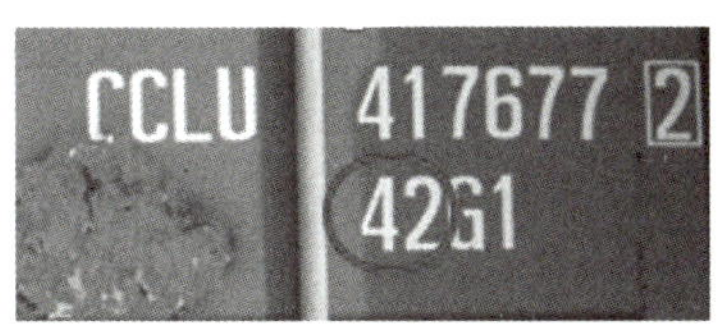

图4-6　尺寸代码

1）尺寸代码由2位阿拉伯数字组成。不管第二位为几，凡第一位为2者，代表柜子的长度为20英尺；凡第一位为4者，柜长为40英尺。

2）尺寸代号中第二位数字若为0、1，则柜高为8英尺；尺寸代号中第二位数字若为2、3，则柜高8英尺6英寸；尺寸代号中第二位数字若为4、5，则柜高9英尺6英寸。

3）尺寸代号为奇数者有鹅颈槽；为偶数者无鹅颈槽。通常长为20英尺的柜无鹅颈槽，而40英尺高柜大多有鹅颈槽。

由于以上原因，实践中最常见的货柜尺寸代码为22、42、44、45。

（6）柜类型代码，如图4-7所示。

图4-7　柜类型代码

集装箱代码以一个英文字母加一个阿拉伯数字组成。

1）G0～G9为通用柜或干货柜。

2）V0～V9为通风柜。

3）B0～B9为散装柜。

4）S0～S9，Sample为样品，以货名命名货柜。S0为牲畜，S1为小汽车，S2为活鱼，S3～S9备用号。

5）R0～R9为冷柜，冻柜。

6）H0～H9为保温隔热柜。

7）U0～U9为敞顶柜，开顶柜。

8）P0～P9为分平台式与台架式。

9）T0～T9为罐装柜。

10）A0为空水陆联运柜。

许多单证上常用两个大写的英文字母简写货柜类型，见表4-1。

表4-1　货柜类型代号

通用柜	通风柜	散装柜	冷柜	开顶柜	平台式	台架式	罐装柜	挂衣柜	超高柜
DC/DV	VH	BK	RF	OT	PF	FR	TK	HT	HQ/HC

（7）集装箱最大总量和箱重，如图4-8所示。

图4-8　最大总量和箱重

最大总量，表示集装箱的自重与最大载货量之和，它是一个常数，任何类型的集装箱装载货物后都不能超过这一质量。箱重是指集装箱的空箱质量。

（8）净重（净载货重量）、容积。净重是商品本身的重量，即除去包装物后的商品实际重量。容积是指容器所能容纳的体积。

（9）作业标记。如超高标记、危险标记、空陆水联运集装箱标记等。

任务实施

活动一：看图讲解集装箱标记表示的信息。

步骤一：学习集装箱信息。教师组织学生讨论集装箱信息代表的含义。

步骤二：解说集装箱信息。学生抽签说明集装箱信息的含义，教师组织小组竞赛。

步骤三：设计集装箱标记。教师给定集装箱箱型及货物类型，要求各组设计集装箱标记。

步骤四：讲解集装箱标记。各组随机抽取他组制作的集装箱标记，并讲解含义。

步骤五：自评、互评、教师点评。教师组织学生自评、互评，教师总结点评。

活动二：看图说明集装箱类型，如图4-9所示。

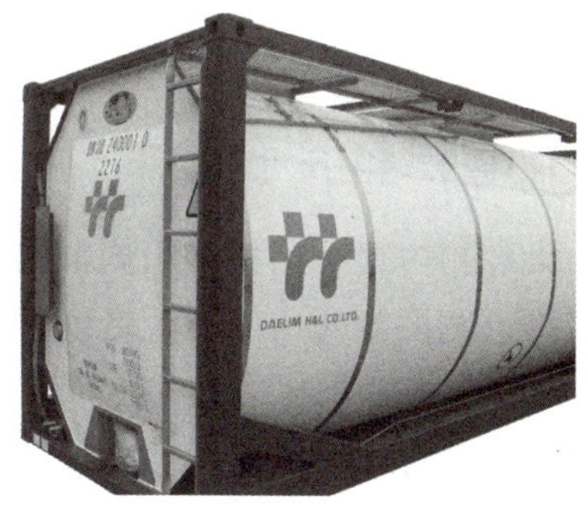

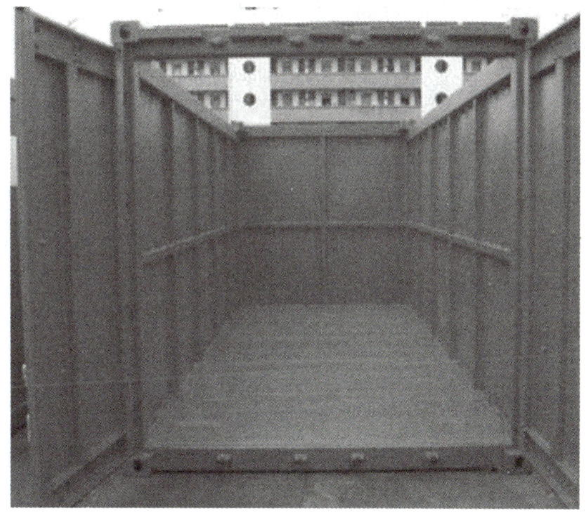

图4-9　不同类型集装箱

应用训练

深圳宏达国际货运有限公司接到客户咨询，想了解海运集装箱与空运集装箱是否有差别，能否通用？假如你是宏达公司的工作人员，请详细介绍海运集装箱和空运集装箱各自的特点。

拓展提升

集装箱术语

1．集装箱内尺寸

集装箱内尺寸指集装箱内部的最大长、宽、高尺寸。高度为箱底板面至箱顶板最下面的距离，宽度为两内侧衬板之间的距离，长度为箱门内侧板至端壁内衬板之间的距离。它决定集装箱内容积和箱内货物的最大尺寸。

2．集装箱内容积

按集装箱内尺寸计算的装货容积。同一规格的集装箱，由于结构和制造材料的不同，其内容积略有差异。集装箱内容积是物资部门或其他装箱人必须掌握的重要技术资料。

3．集装箱计算单位

集装箱计算单位（TEU）又称20英尺换算单位，是计算集装箱箱数的换算单位。目前各国大部分集装箱运输，都采用20英尺长和40英尺长的两种集装箱。为了使集装箱箱数计算统一化，把20英尺集装箱作为一个计算单位，40英尺集装箱作为两个计算单位，以便统一计算集装箱的营运量。

4．排号

排号指集装箱在专用船上的横排积载位置。编号方法是从船首至船尾依此标明：01、02、03……

5．行号

行号又称列号，集装箱在专用船上的纵列积载位置。有两种标号方法：一种是自左舷端向右依此标明：01、02……另一种是从中间的左右分标。由中线向左编单号：01、03、05……由中线向右编双号：02、04、06……

6．层号

层号指集装箱在专用船上的立体积载位置。编号方法分甲板和舱内两种。甲板上的编号自上而下依次编号，并在数字前加一“D”字。舱内的编号自上而下依次编号，并在数字前加一“H”字。

7．箱位号

箱位号指集装箱在船上的积载位置，由六个数字组成，前两个数字是排号，中间两个数字是行号，后两个数字是层号。例如，箱位0402D1表示这个集装箱积载在第四排右舷第二行甲板第一层。

任务评价

项目	任务内容	结果
知识水平	1. 了解集装箱概念，5分 2. 了解集装箱类型，10分 3. 了解集装箱标记，15分	
拓展能力	掌握集装箱标记含义，40分	
实践能力	1. 识别各种类型集装箱，20分	
	2. 识别集装箱标识，10分	
综合评价：		

知识考核	技能考核	实操考核	综合得分
□1□2□3□4□5	□1□2□3□4□5	□1□2□3□4□5	
教师签字：			年 月 日

任务二 熟悉集装箱货运流程

任务目标

知识目标

1. 了解集装箱出口货运流程
2. 了解集装箱进口货运流程
3. 了解空箱提取程序

能力目标

1. 能够读懂、缮制集装箱设备交接单
2. 具备处理集装箱业务的能力
3. 可以进行空箱提取工作

任务描述

荣信公司的吊灯货物已经备妥，王天虽然了解了集装箱知识，但并不知道如何提取空箱进行装箱作业，也不了解集装箱货运程序。

请说明集装箱货运程序。

知识准备

一、集装箱整箱货出口货运流转程序

（1）委托单位（货主）将托运委托书连同报关单据（包括退税单、外汇核销单、商业

发票以及不同商品海关需要缴验的各类单证）交货运代理人。如托运时间紧迫，也可先交委托书，随后补交报关单据。

（2）货代核阅委托书及有关报关单据后缮制托运订舱单（场站收据、装货单）送船公司或船代订舱。

（3）船公司或船代配载后将场站收据或装货单等联退给货代。

（4）货代向海关办理计算机报关预录，并提交全套报关单据向出境海关申报出口。

（5）海关核运后在装货单上盖章放行，将装货单、场站收据等联退给货代。

（6）货代将盖章放行的装货单、场站收据交码头配载室。

（7）船公司或船舶代理人根据订舱配载留底缮制装货清单、预配清单、预配船图、货物舱单等送到码头供收货和装船之用。

（8）货代向船公司或船代领取集装箱设备交接单到指定堆场领取空箱。

（9）货代到委托单位储货地点装箱（或委托单位送货到货代仓库装箱）后，将集装箱货物连同集装箱装箱单、设备交接单送到码头。

（10）码头将船公司或船代提供的装货清单及集装箱装箱单送海关，供海关监管装船。

（11）码头收货后根据预配船图和预配清单配定载位，缮制装船顺序单交船舶。

（12）大副凭装货单接载，装货后签发场站收据。

（13）装货后，场站收据由码头交船公司或船代。

（14）码头根据装船实际情况绘制实装船图交船公司或船代。

（15）船公司或船代将实装船图、舱单、运费舱单、提单副本、集装箱和装箱单副本等代交卸港。

（16）船公司或船代凭场站收据签发装船提单给货代。

（17）货代将装船提单送交委托单位。

（18）船公司或船代将船舱单送海关。

（19）海关根据装船舱单核发退税单等凭证给货代。

（20）货代取退税单、外汇核销单等送交委托单位。

二、集装箱进口业务的流程

（1）接到客户的全套单据后，要查清该进口货物由哪家船公司承运、哪家作为船舶代理公司、在何处可以换到供通关用的提货单。全套单据包括带背书的正本提单或电放副本、装箱单、发票、合同。

需要注意如下事项。

1）提前与船公司或船舶代理部门联系，确定船到港时间、地点，如需转船应确认二程船名。

2）提前与船公司或船舶代理部门确认换单费、押箱费、换单的时间。

3）提前联系好场站，确认好提箱费、掏箱费、装车费、回空费。

（2）凭带背书的正本提单（如是电报放货，可带电报放货的传真件与保函）去船公司或船舶代理部门换取提货单和设备交接单。

需要注意如下事项。

1）背书有两种形式，如果提单上收货人栏显示“TO ORDER”，则由“SHIPPER”背书；如果收货人栏显示其真正的收货人，则需收货人背书。

2）保函是由进口方出具给船舶代理的请求放货的书面证明。保函内容包括进口港、目的港、船名、航次、提单号、件重尺及进口方签章。

3）换单时应仔细核对提单或电放副本与提货单上的集装箱箱号及封号是否一致。

4）提货单共分五联，白色为提货联、蓝色为费用账单、红色为费用账单、绿色为交货记录、浅绿色为交货记录。

5）设备交接单是集装箱进出港区、场站时，用箱人、运箱人与管箱人或其代理人之间交接集装箱及其他机械设备的凭证，并兼有管箱人发放集装箱的凭证功能。当集装箱或机械设备在集装箱码头堆场或货运站借出或回收时，由码头堆场或货运站制作设备交接单，经双方签字后作为两者之间设备交接的凭证。

集装箱设备交接单分为进场和出场两种，交接手续均在码头堆场大门口办理。出码头堆场时，码头堆场工作人员与用箱人、运箱人就设备交接单上的以下主要内容共同进行审核：用箱人名称和地址，出堆场时间与目的，集装箱箱号、规格、封志号以及是空箱还是重箱，有关机械设备的情况等。

进码头堆场时，码头堆场的工作人员与用箱人、运箱人就设备交接单上的下列内容共同进行审核：集装箱、机械设备归还日期、具体时间及归还时的外表状况，集装箱、机械设备归还人的名称与地址，进堆场的目的，整箱货交箱货主的名称和地址，拟装船的船次、航线、卸箱港等。

（3）用换来的提货单的第一、三联附上报关单据前去报关。

提货单第　、三联海关放行后，在白联上加盖放行章，发还给进口方作为提货的凭证。报关单据包括正本箱单、正本发票、合同、进口报关单一式两份，正本报关委托协议书、海关监管条件所涉及的各类证件。

需要注意如下事项。

1）接到客户全套单据后，应确认货物的商品编码，然后查阅海关税则，确认进口税率，确认货物需要的监管条件，如需做各种检验，则应在报关前向有关机构报验。报验所需单据：报验申请单、正本箱单发票、合同、进口报关单两份。

2）换单时应催促船舶代理部门及时给海关传舱单，如有问题应与海关舱单室取得联系，确认舱单是否转到海关。

3）当海关要求开箱查验货物时，应提前与场站取得联系，调配机构将所查箱子调至海关指定的场站。事先应与场站确认好调箱费、掏箱费。

（4）若是法检商品应办理验货手续。如需商检，则要在报关前，拿进口商检申请单（带公章）和两份报关单办理登记手续，并在报关单上盖商检登记在案章以便通关。验货手续在最终目的地办理。

如需动植物检验，也要在报关前拿装箱单、发票、合同和报关单去代报验机构申请报验，在报关单上加盖放行章以便通关，验货手续可在通关后堆场进行。

（5）海关通关放行后应去办理三检（商品检验、动植物检验、卫生检疫）。向代理报验机构提供箱单、发票、合同报关单，由他们代理报验。报验后，可在大厅内统一窗口交费，并在白色提货单上盖三检放行章。

（6）三检手续办理后，去缴纳港杂费。港杂费用结清后，港方将提货联退给提货人供提货用。

（7）所有提货手续办妥后，可通知事先联系好的堆场提货。

需要注意如下事项。

1）首先应与港池调度室取得联系，安排计划。

2）根据提箱的数量与堆场联系足够的车辆，尽可能在港方要求时间内提清，以免产生转栈堆存费用。

3）提箱过程中应与堆场有关人员共同检查箱体是否有重大残破。如有，要求港方在设备交接单上签残。

（8）重箱由堆场提到场地后，应在免费期内及时掏箱，以免产生滞箱。

（9）货物提清后，从场站取回设备交接单证明箱体无残损，去船公司或船舶代理部门取回押箱费。

三、国际海运集装箱的提箱和交箱操作指南

1. 集装箱发放和交接的依据

集装箱的发放和交接，应依据进口提货单、出口订舱单、场站收据以及这些文件内列明的集装箱交付条款，实行集装箱设备交接制度。从事集装箱业务的单位必须凭集装箱代理人签发的集装箱设备交接单办理集装箱的提箱（发箱）、交箱（还箱）、进场（港）、出场（港）等手续。

2. 交接责任的划分

（1）船方与港方交接以船边为界。

（2）港方与货方（或其代理人）、内陆（公路）承运人交接以港方检查桥为界。

（3）堆场、中转站与货方（或其代理人）、内陆（公路）承运人交接以堆场、中转站道口为界。

（4）港方、堆场中转站与内陆（铁路、水路）承运人交接以车皮、船边为界。

3. 进口重箱提箱出场的交接

进口重箱提离港区、堆场、中转站时，货方（或其代理人）、内陆（水路、公路、铁

路）承运人应持海关放行的进口提货单到集装箱代理人指定的现场办理处办理集装箱发放手续。

集装箱代理人依据进口提货单、集装箱交付条款和集装箱运输经营人有关集装箱及其设备使用和租用的规定，向货方（或其代理人）、内陆承运人签发出场集装箱设备交接单和进场集装箱设备交接单。收货方、内陆承运人凭出场集装箱设备交接单到指定地点提取重箱，并办理出场集装箱设备交接；凭进场集装箱设备交接单将拆空后的集装箱及时交到集装箱代理人指定的地点，并办理进场集装箱设备交接。

4．出口重箱交箱（收箱）、进场的交接

出口货箱进入港区，货方、内陆承运人凭集装箱出口装箱单或场站收据、进场集装箱设备交接单到指定的港区交付重箱，并办理进场集装箱设备交接。指定的港区依据出口集装箱预配清单、进场集装箱设备交接单和场站收据收取重箱，并办理进场集装箱设备交接。

5．空箱的发放和交接

空箱提离港区、堆场、中转站时，提箱人（货方或其代理、内陆承运人）应向集装箱代理人提出书面申请。集装箱代理人依据出口订舱单、场站收据或出口集装箱预配清单向提箱人签发出场集装箱设备交接单或进场集装箱设备交接单。提箱人凭出场集装箱设备交接单到指定地点提取空箱，办理出场集装箱设备交接，凭进场集装箱设备交接单到指定地点交付集装箱，并办理进场集装箱设备交接。

6．收、发箱地点应履行的手续

到指定的收、发箱地点，凭集装箱代理人签发的集装箱设备交接单受理集装箱的收、发手续。凭出场集装箱设备交接单发放集装箱，并办理出场集装箱设备交接手续；凭进场集装箱设备交接单收取集装箱，并办理设备交接。

集装箱交接地点应详细认真进行检查记录，并将进出场集装箱的情况及时反馈给集装箱代理人，积极配合集装箱代理人的工作，使集装箱代理人能够及时、准确地掌握集装箱的利用情况，及时安排集装箱的调运、修理，追缴集装箱延期使用费，追缴集装箱的损坏、灭失费用等。

任务实施

活动：认识集装箱设备交接单。

步骤一：定好舱位后，荣信公司可凭借场站收据换取设备交接单。

步骤二：教师组织学生仔细阅读集装箱设备交接单，如图4-10所示，获取相关信息。

集装箱设备交接单
EQUIPMENT INTERCHANGE RECEIPT

<table>
<tr><td colspan="2">用箱人/运箱人（CONTAINER USER/HAULIER）</td><td colspan="2">提箱地点（PLACE OF DELIVERY）</td></tr>
<tr><td colspan="2">广州市荣信经贸发展有限公司Guangzhou Rongxin Economies Development Co.,Ltd</td><td colspan="2">广州黄埔港</td></tr>
<tr><td colspan="2">提单号（B/L NO.）</td><td colspan="2">返回/收箱地点（PLACE OF RETURN）</td></tr>
<tr><td colspan="2">COSU23103350</td><td colspan="2">广州黄埔港</td></tr>
<tr><td>船名/航次（VESSEL/VOYGE NO.）</td><td>集装箱号（CONTAINER NO.）</td><td>尺寸/类型（SLZE/TYPE）</td><td>运营人（CNTR.OPTS）</td></tr>
<tr><td>COSCO YINGKOU/24</td><td>CBHU0517320</td><td>20′GP</td><td></td></tr>
<tr><td>发往地点 DELIVERED TO</td><td>铅封号（SEAL NO.）</td><td>免费期限（FREE TIME PERIOD）</td><td>运载工具编号（TRUCK WAGON.BAFSE NO.）</td></tr>
<tr><td>澳大利亚悉尼</td><td>45789</td><td>7天</td><td>100321</td></tr>
<tr><td colspan="2">出场目的/状态（PPS OF GATE-OUT/STAUS）</td><td>进场目的/状态（PPS OF GATE-IN/STATUS）</td><td>出场日期（TIME OUT） 进场日期（TIME IN）</td></tr>
<tr><td colspan="2">空箱</td><td></td><td>月 日 时 / 月 日 时</td></tr>
<tr><td colspan="4">出场检查记录（INSPECTION AT THE TIME OF INTERCHANGE）</td></tr>
<tr><td>普通集装箱（GP CONTAINER）</td><td>冷藏集装箱（RF CONTAINER）</td><td>特种集装箱（SPECIAL CONTAINER）</td><td>发电机（GEN SET）</td></tr>
<tr><td>■正常（SOUND）
□异常（DEFECTIVE）</td><td>□正常（SOUND）
□异常（DEFECTIVE）</td><td>□正常（SOUND）
□异常（DEFECTIVE）</td><td>■正常（SOUND）
□异常（DEFECTIVE）</td></tr>
<tr><td colspan="4">损坏记录及代号（DAMAGE & CODE）
BR 破损（BROKEN） D 凹损（BROKEN） M 丢失（MISSING） DR 污箱（DIRTY） DL 危标（DG LABE）
左侧（DAMAGE & CODE） 右侧（RIGHT SIDE） 前部（RIGHT SIDE） 集装箱内部（CONTAINER INSIDE）
顶部（TOP） 底部（FLOOR BASE） 箱门（REAR）
如有异状，请注明程度及尺寸（REMARK）</td></tr>
</table>

除列明外，集装箱及集装箱设备交接时完好无损，铅封完整无误。
THE CONTAINER/ASSOCIATED EOUIPMENT INTERCHANGED IN SOUND CONDITION AND SEAL INTACT UNLESS OTHEFIWISE STATED.

运箱人 / 运箱人签署（CONTAINER USER/HAULIER'S SIGNATURE）　　码头 / 堆场值班员签署（TERMINAL/DEPOT CLERKS SIGNATURE）

图4-10　集装箱设备交接单

步骤三：学生学习设备交接单的作用。

设备交接单是集装箱所有人或租用人委托CY（集装箱堆场）、CFS（集装箱货运站）或内陆站使用者（通常为驾驶员）之间的交接集装箱及设备的凭证，设备包括底盘车、台车、冷藏装置、电动机等。它是划分用箱人或租箱人之间责任、义务、权利的依据，也是集装箱货运索赔、理赔中不可缺少的重要单证之一。

设备交接单一式六联，前三联是供集装箱出场时使用的，其上均印有“OUT”字样。第一、二联在发放空箱后由堆场留存，第三联由用箱人、运箱人留存。后三联是供集装箱进场时使用的，其上均印有“IN”字样。第一、二联交付港区道口，而后由港区将第一联转船方以掌握该箱的去向，第二联由港区留存，第三联由用箱人、运箱人留存备查。

办理集装箱和设备交接单的手续通常都是在堆场的门口进行的，出场、进场时都应由堆场的工作人员与用箱人、运箱人共同检查集装箱及设备的情况和设备交接单上所列的内容。

双方在交接时无论有无问题都需签字并以此单作为分清双方责任的依据。

步骤四：了解集装箱空箱、重箱的要求。

对空箱的交接要求是：箱体完好（指无损伤、变形、破口擦伤等）、水密、不漏光、清洁、干燥、无味、箱号清晰，特种集装箱的机械及电器运转正常。

对重箱的交接要求是：箱体完好（指无损伤、变形、破口、擦伤等）、箱号清晰、封制完好，特种集装箱的机械电器运转正常。

应用训练

2012年5月10日，受托代理门到门运输1×20FCL八角7.02公吨（纸箱包装，每件净重20公斤，毛重21公斤），自防城港到鹿特丹港，拖装，已完成订舱，客户要求5月12日装箱，请你安排提取空箱送至客户仓库，填写设备交接单。

拓展提升

世界集装箱运输公司排行榜

Alphaliner公布了世界集装箱运输公司百强榜（数据截至2013年8月1日），与以往相同，前三名依然是国际三大航运巨头马士基集团、地中海航运、达飞轮船。

在中国大陆航运公司中，中远集运排第5，中海集运排第9，海丰国际排第26位，中外运集运排名第31位，泉州安盛船务排名第45位，大新华物流第60位，海南泛洋排第62位，上海锦江航运排名第78位，上海海华轮船排名第94位。

该榜单前二十强见表4-2。

表4-2　世界集装箱运输公司排行榜

排　名	船　公　司	总计 箱　数	总计 船　数	自有 箱　数	自有 船　数	租用 箱　数	租用 船　数	租用比
1	马士基集团	2 621 855	586	1 362 435	240	1 259 420	346	48.00%
2	地中海航运	2 374 555	486	1 040 485	188	1 334 070	298	56.20%
3	达飞海运集团	1 489 356	426	529 572	85	959 784	341	64.40%
4	长荣海运	784 900	198	441 639	100	343 261	98	43.70%
5	中远集运	761 114	166	407 102	107	354 012	59	46.50%
6	赫伯罗特航运	716 760	151	397 431	68	319 329	83	44.60%
7	美国总统轮船	639 004	124	298 728	43	340 276	81	53.30%
8	韩进海运	635 509	118	311 546	46	323 963	72	51.00%
9	中海集运	601 797	139	421 070	79	180 727	60	30.00%
10	商船三井	536 464	110	224 014	37	312 450	73	58.20%
11	东方海外	461 714	91	307 477	47	154 237	44	33.40%
12	日本邮船	440 926	99	297 849	53	143 077	46	32.40%
13	汉堡南美航运	434 259	104	247 672	48	186 587	56	43.00%
14	阳明海运	385 863	89	216 693	46	169 170	43	43.80%
15	太平船务	373 974	174	218 751	109	155 223	65	41.50%
16	川崎汽船	359 909	70	130 016	22	229 893	48	63.90%
17	以星航运	345 270	89	133 394	25	211 876	64	61.40%
18	现代商船	326 953	55	100 646	17	226 307	38	69.20%
19	阿拉伯联合国家轮船	282 206	51	198 164	26	84 042	25	29.80%
20	智利南美航运	259 072	53	52 221	11	206 851	42	79.80%

任务评价

项　目	任务内容	结　果
知识水平	1. 了解集装箱出口流程，20分 2. 了解集装箱进口流程，20分	
拓展能力	缮制集装箱设备交接单，20分	
实践能力	1. 根据资料处理空箱提取，20分 2. 根据资料独立缮制设备交接单，20分	
综合评价：		

知识考核	技能考核	实操考核	综合得分
□1□2□3□4□5	□1□2□3□4□5	□1□2□3□4□5	

教师签字：　　　　年　月　日

任务三　了解集装箱运输及交接

任务目标

知识目标

1. 了解集装箱运输方式
2. 熟悉集装箱交接方式

能力目标

1. 能够缮制装箱单
2. 操作集装箱业务

任务描述

王天整理了荣信公司本笔业务资料，填写装箱单，并分析了集装箱运输方式和交接方式。资料如下：

广州市荣信经贸发展有限公司（Guangzhou Rongxin Economies Development CO.,LTD）地址：广州市东风西路252号（252，Dong Feng West Road , CHI-GUANGZHOU）。该公司与澳大利亚雅夫有限公司（YAFU CO.,LTD）建立合作关系。雅夫公司地址：123，Sydney AV, AUS-SYDNEY。2012年11月10日签订销售吊灯500箱的合同，并约定于2012年12月底装船。2012年11月15日，荣信公司王天委托宏达货代公司代为办理该笔业务。

货物品名：吊灯（DROPLIGHT）　　合同号：RX20121110

发票号：2012RX001　　信用证号：2012LC123756

海关编号：532020120 525913535　　铅封号：45789

商品编号：94051000　　货物总体积：14.08m^3

货物总重：1000KGS　　净重：980KGS

单价：USD100 PER PC　CIF SYD　　货物数量：500件，500箱

装运港：深圳港（深圳）　　目的港：悉尼港（SYDNEY）

船名航次：COSCO YINGKOU/24　　提单号：COSU23103350

结汇方式：信用证　　集装箱号：CBHU0517320

许可证号：D456235　　核销单号：088925800

货代公司：深圳宏达国际货运有限公司

卖方：广州市荣信经贸发展有限公司，单位代码4401234567

运输方式：江海运输　　批准文号：841234587

运费：1020,502/1020/3　　保费：000/0.03/1

包装种类：纸箱　　唛头：YAFU
RX20121110
SYDNEY
NO.1-500

知识准备

一、集装箱运输的方式

1．装箱方式

（1）整箱（FCL）。货主向承运人或租赁公司租用一定的集装箱。空箱运到工厂仓库后在海关人员监管下，货主把货装入箱内，加锁铅封后交承运人并取得站场收据，最后凭收据换取提单或运单。

（2）拼箱（LCL）。承运人接受货主托运的数量不足整箱的小票货物后根据货类性质和目的地进行分类整理，把去同一目的地的货集中到一定数量，拼装入箱。

2．交接方式

（1）整箱交、整箱接（FCL/FCL）。承运人以整箱为单位负责交接，货物的装箱和拆箱均由货方负责。

（2）拼箱交、拆箱接（LCL/LCL）。货物的装箱和拆箱均由承运人负责。

（3）整箱交、拆箱接（FCL/LCL）。货主在工厂或仓库把装满货后的整箱交给承运人；在目的地的集装箱货运站或内陆转运站由承运人负责拆箱后，各收货人凭单接货。

（4）拼箱交、整箱接（LCL/FCL）。货主将不足整箱的托运货物在集装箱货运站或内陆转运站交给承运人。由承运人分类调整，把同一收货人的货集中拼接成整箱，运到目的地后，承运人以整箱交，收货人以整箱接。

二、集装箱货运站及堆场

1．集装箱货运站

集装箱货运站（Container Freight Station，CFS）为拼箱货装箱和拆箱的船、货双方办理交接的场所。承运人在一个港口或内陆城市只能委托一个集装箱货运站的经营者，由它代表承运人办理下列主要业务。

（1）拼箱货的理货和交接。

（2）对货物外表检验如有异状，则办理批注。

（3）拼箱货的配箱积载和装箱。

（4）进口拆箱货的拆箱和保管。

（5）代承运人加铅封并签发收据。

（6）办理各项单证和编制等。

2. 集装箱堆场

集装箱堆场（Container Yard，CY），有些地方也称场站，指办理集装箱重箱或空箱装卸、转运、保管、交接的场所。它的作用是把所有出口客户的集装箱在某处先集合起来（不论通关与否），到了截港时间之后再统一装船（此时必定已经通关），这样便于船公司、海关等进行管理。

（1）集装箱前方堆场（Marshalling Yard）是指在集装箱码头前方，为加速船舶装卸作业，暂时堆放集装箱的场地。其作用是当集装箱船到港前，有计划、有次序地按照积载要求将出口集装箱整齐地集中堆放，卸船时将进口集装箱暂时堆放在码头前方，以加速船舶装卸作业。

（2）集装箱后方堆场（Container Yard）是指集装箱重箱或空箱进行交接、保管和堆存的场所。有些国家的集装箱堆场并不分前方堆场或后方堆场，统称为堆场。集装箱后方堆场是集装箱装卸区的组成部分，是集装箱运输“场到场”交接方式的整箱货办理交接的场所（实际上是在集装箱卸区“大门口”进行交接的）。

三、集装箱交接方式

1. 门到门

门到门（Door to Door）是指由一个发货人发货和一个收货人接货。一般是货物批量较大能装满一箱的大货主，把空箱拉到自己的工厂仓库装箱后，由海关在工厂仓库内加封验收，然后把重箱直接运到集装箱码头堆场，等待装船；在到达港，由承运人负责把货物运到收货人的工厂或仓库交货。因此，门到门的集装箱运输一般均为整箱货运输。

2. 门到场

门到场（Door to CY）指在发货人的工厂或仓库接收货物后，由承运人负责运到卸货港集装箱码头堆场交货的一种交接方式。这种交接方式表示承运人不负责目的地的内陆运输。

3. 门到站

门到站（Door to CFS）指在发货人的工厂或仓库接收货物装箱后，运到卸货港集装箱码头上的集装箱货运站交货。这一交接方式就是在货流组织形式中的整箱货装、拼箱货拆的一种组织形式，也就是只有一个发货人，但收货人有好几个。

4. 场到场

场到场（CY to CY）指承运人在装货港的集装箱码头堆场接收货物，运到卸货港的集装箱码头堆场交货。这种交接方式通常是整箱货，而承运人不负责内陆运输，由收货人自己派卡车或委托内陆运输人用卡车拖运至自己的仓库。

5. 场到门

场到门（CY to Door）指承运人在装货港的集装箱码头堆场接收货物，运到卸货港收货人工厂或仓库交货的交接方式。通常，承运人不负责由发货人工厂或仓库至集装箱码头之间的内陆运输。

6. 场到站

场到站（CY to CFS）指装货港的集装箱码头堆场把集装箱运到卸货港的集装箱码头上的集装箱货运站或内陆中转站交货。这一交接方式在货流组织形式中一般也属于整箱货装、拼箱货拆的一种组织形式，也是有一个发货人、好几个收货人。

7. 站到门

站到门（CFS to Door）指由装货港的集装箱码头上的集装箱货运站收货，并在卸货港的收货人工厂或仓库交货。这种交接方式在货流组织形式中属于拼箱货装、整箱货拆的一种组织形式，也就是说不同发货人的货物，运给同一个收货人收货，显然这种情况不会有很多。

8. 站到场

站到场（CFS to CY）指由装货港的集装箱码头上的集装箱货运站收货，运到卸货港后，在卸货港的集装箱堆场交货。一般情况下也可以由几个发货人发货给一个收货人收货。所以它也可以理解为拼箱货装、整箱货拆的货流组织形式。

9. 站到站

站到站（CFS to CFS）指装货港集装箱码头上的集装箱货运站收货，运到卸货港集装箱码头上的集装箱货运站交货。这在货流组织形式中属于拼箱货装、拼箱货拆的一种组织形式，也就是说由不同的发货人发给各自的收货人。

任务实施

活动：解释空箱返回流程。

步骤一：教师组织学生讨论流程，如图4-11所示。

步骤二：各小组派代表解释说明该流程。

步骤三：结合荣信公司案例，学生写出荣信公司空箱返回流程。

步骤四：教师点评。

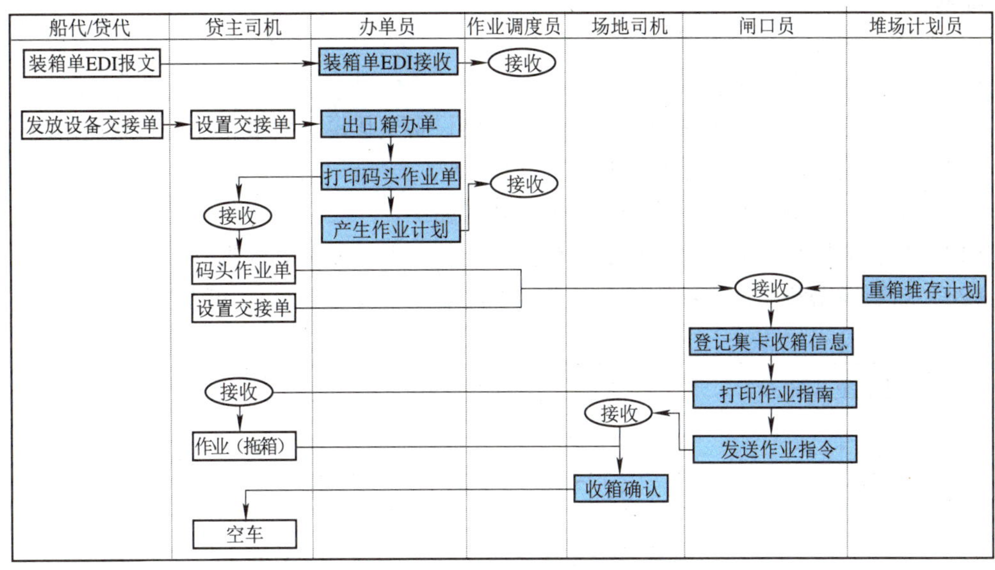

图4-11 空箱返回流程图

应用训练

2013年9月，深圳宏达国际货运有限公司有一项业务，交接方式是CFS TO CY，装箱。请简要说明由谁来承担责任？

拓展提升

场站收据十联单流转程序

场站收据十联单流转程序，如图4-12所示。

（1）出口商向货运代理人发出出口货物委托书。

（2）货运代理人判断整箱还是拼箱，交予船舶代理人办理订舱手续。

（3）船舶代理人计算费用向班轮公司发出确认请求。

（4）班轮公司向船舶代理人确认订舱并核准运费。

（5）船舶代理人向货运代理人签发订舱回单和设备交接单。

（6）货运代理人向保险公司办理国际货运保险。

（7）货运代理人寻找公路运输承运人。

（8）公路运输承运人根据订单向司机发出指令，派放车单。

（9）司机凭设备交接单前往空箱堆场提取空箱。

（10）司机将空箱运至出口商指定的装货地点装箱。

（11）货运代理人委托理货公司理货。

（12）理货公司派专人前往装箱地点理货。

（13）装箱人员编制集装箱装箱单，理货人员出具理货报告。理货报告和装箱单交给货运代理人。

（14）货运代理人申请报验。

（15）货运代理人申请报关。

（16）司机将重箱运至海关监管港区堆场，将设备交接单、集装单等交付港区堆场。

（17）港区签发场站收据给货运代理人（D/R）。

（18）班轮公司将编制好的船舶预备舱单传送船舶。

（19）船舶根据预备舱单接收码头交付的集装箱，并签发大副收据。

（20）船舶根据装船情况编制实载舱单，并将舱单传送班轮公司和船舶代理。

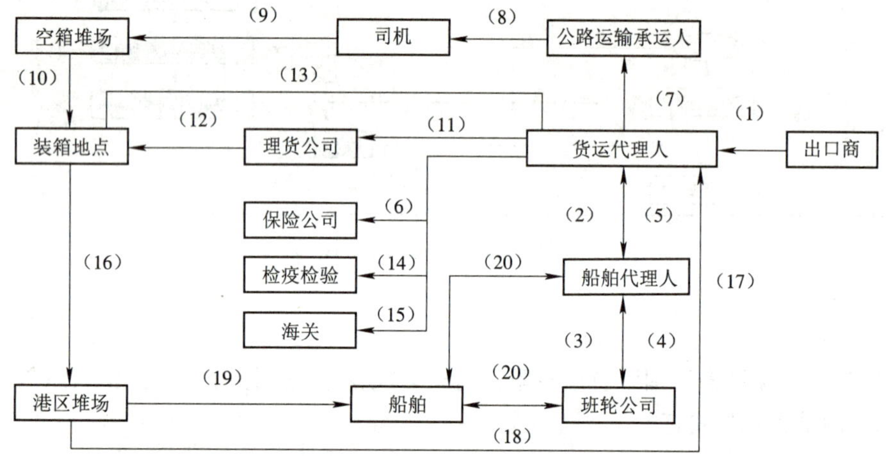

图4-12　场站收据十联单流转

任务评价

项　目	任务内容	结　果
知识水平	1. 了解集装箱运输方式，20分 2. 了解集装箱交接方式，20分	
拓展能力	熟悉场站收据，40分	
实践能力	熟悉集装箱空箱返回流程，20分	
综合评价：		

知识考核	技能考核	实操考核	综合得分
□1□2□3□4□5	□1□2□3□4□5	□1□2□3□4□5	
教师签字：			年　月　日

项目内容

项目五　投保与索赔

任务一　了解国际货物运输风险、损失和费用

任务二　掌握保险范围和种类

任务三　掌握国际货物运输的投保和索赔

项目五　投保与索赔

国际货物运输中，保险是非常重要的部分。国际运输路途遥远，运输方式多样，未知风险极多，诸如自然灾害、意外事故、人为因素、政治因素等都可能使货物遭受损害而给买卖双方带来不必要的损失。在国际业务中，需要向保险公司投保相关险种来分担风险，减少损失。

任务一　了解国际货物运输风险、损失和费用

任务目标

知识目标

1. 了解国际货物运输的风险
2. 了解国际货物运输的损失
3. 熟悉国际货物运输的费用类别

能力目标

1. 能正确区分风险的类型
2. 能采取适当的措施防范国际运输风险
3. 能区别共同海损和单独海损，保障己方利益
4. 能熟练区分费用承担

任务描述

宏达公司业务员苏姗仔细审核了荣信公司的合同及信用证等资料，注意到荣信公司本次业务是以CIF悉尼方式成交，卖方荣信公司要承担保险事宜。苏姗立即电话荣信公司王天，提醒王天要注意办理保险。王天查看合同上要求投保一切险，并联系雅夫公司Mary，Mary也希望荣信公司能投保一切险。王天认为上保险应根据自身货物及选择的运输方式会遇到的风险来确定险种。本单货物是吊灯，并且是海洋运输，王天于是咨询苏姗，这样的货物在运输中会遇到哪些风险呢？

请以苏姗的身份介绍国际货物运输风险。

知识准备

国际货物的运输有海运、陆运、空运以及邮政送递等多种途径，因运输方式的不同可分为海洋运输货物保险、陆地运输货物保险、航空运输货物保险和邮包运输货物保险。在各种运输货物保险中，起源最早、历史最久的是海洋运输保险。以海洋运输货物为例，以下介绍国际货物运输过程中的风险、损失和费用。

一、风险

海运货物保险保障的风险，主要有海上风险和外来风险，如图5-1所示。

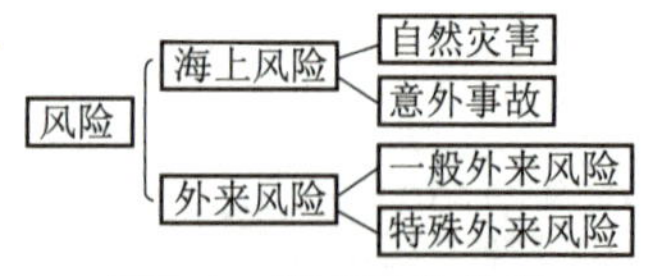

图5-1　海上风险类别

1. 海上风险

海上风险又称“海难”，一般是指船舶或货物在海上运输过程中发生的或随附海上运输所发生的风险。不仅包括海上运输，还包括连接两端陆地的运输。

我国现行的海运货物条款及英国伦敦保险协会货物新条款所承保的海上风险从性质上划分，主要可分为自然灾害和意外事故。

（1）自然灾害指由于自然界的变异引起破坏力量所造成的现象，如恶劣气候、雷电、海啸、地震、洪水、火山爆发等人力不可抗拒的灾害。

（2）意外事故指由于船舶搁浅、触礁、沉没、互撞、失踪或与其他固体物（如流冰、码头）碰撞，以及失火、爆炸等意外原因造成的事故或其他类似事故，而不是泛指由于偶然的非意料中的原因所造成的一切事故。

2. 外来风险

外来风险一般是指海上风险以外的其他外来原因所造成的风险。外来原因是指事先难以预料的，致使货物受损的某些外部因素。货物由于自身内部缺陷和自然属性而引起的自然损耗或变质等属于必然损失，不属于外来风险范围。

（1）一般外来风险指由于一般外来原因引起风险而造成的损失，如偷窃、雨淋、短量、玷污、破碎、受潮、受热、渗漏、串味、锈损、钩损、包装破裂等。

（2）特殊外来风险指由于国家的政策、法令、行政命令、军事等原因所造成的风险和损失，如战争、罢工、交货不到、拒收、舱面等风险所致损失。

二、损失

海上损失是指被保险货物在海运途中，因遭受海上风险而产生的损失。海上损失可分为全部损失和部分损失，具体分类如图5-2所示。

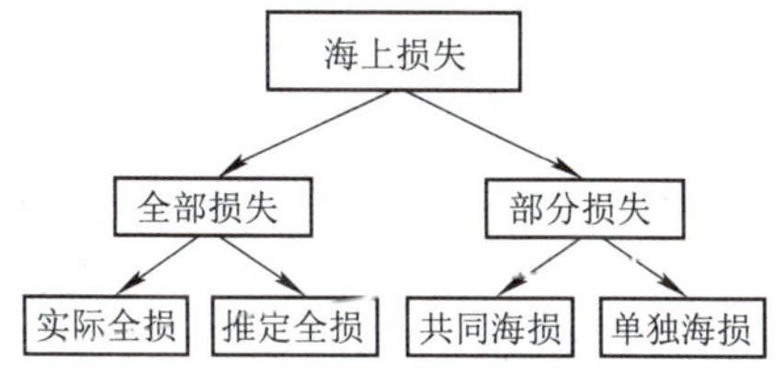

图5-2　海上损失类别

1. 全部损失

全部损失简称“全损”，是指被保险货物由于承保风险造成的全部灭失或视同全部灭失的损害。在海上保险业务中全部损失分为实际全损和推定全损。

（1）实际全损，也称绝对全损，构成被保险货物的实际全损有下列四种情况：

1）被保险货物的实体已经完全灭失。例如：货物遭遇大火被全部焚毁；船舶遇难，货物随同船舶沉入海底灭失。

2）被保险货物遭遇到严重损害，已丧失了原有的用途和价值。例如：水泥被海水浸泡成硬块；牛皮被海水侵蚀，腐烂发臭。

3）被保险人对保险货物的所有权已无可挽回地被完全剥夺。例如：战时货物被敌国捕获或没收。

4）载货船舶失踪，达到一定时期（《中华人民共和国海商法》规定为2个月）仍无音讯。

被保险人在货物遭受了实际全损后，可按其投保金额，获得保险人的全部损失的赔偿。

（2）推定全损也称商业全损，是指被保险货物在海上运输中遭遇承保风险之后虽未达到完全灭失的状态，但是可以预见到它的全损将不可避免；或者为了避免全损，需要支付的抢救、修理费用加上继续将货物运抵目的地的费用之和将超过保险价值。推定全损下的获赔情况有：

1）被保险人获得部分损失的赔偿。

2）被保险人获得全损的赔偿。如果被保险人想获得全损的赔偿，他必须无条件地把保险货物委付给保险人。

➲小提示

所谓“委付”是指被保险人在保险标的处于推定全损状态时，向保险人声明愿意将保险标的的一切权益，包括财产权及一切由此而产生的权利与义务转让给保险人，而要求保险人按全损给予赔偿的一种行为。

2. 部分损失

部分损失也称分损，是指被保险货物的损失没有达到全部损失的程度。按照损失的性质，部分损失可以分为共同海损和单独海损。

（1）共同海损，是指在同一海上航程中，船舶、货物和其他财产遭遇共同危险，为了共同安全，有意地、合理地采取措施直接造成的特殊牺牲、支付的特殊费用。

共同海损所必备的条件：

1）导致共同海损的危险必须是真实存在的或不可避免的，且是危及船舶与货物共同安全的危险。例如：船舶在大海上航行时丢失了螺旋桨，船舶与货物可能暂时没有紧迫的、灾难性的危险，但危险肯定会到来，所以这时船长命令将船舶驶入附近的港口进行修理而产生的港口费和修理费应为共同海损费用。

2）共同海损的措施必须是为了解除船货的共同危险，人为地、有意识地采取的合理措施。

3）共同海损的牺牲是特殊性质的，费用损失必须是额外支付的。

4）共同海损的损失必须是采取共同海损措施的直接的合理的后果。

5）造成共同海损损失的措施最终必须有效果。

➲小提示

所谓“有意识”是用以区别意外的损失，船舶在航行中遭遇到的意外损失由受害者自行负担，而有意识采取措施造成的损失，应由受益各方共同分摊。

（2）单独海损，是指海上运输中，由于保单承保风险直接导致的船舶或货物本身的部分损失（单独海损仅指保险标的本身的损失，并不包括由此而引起的费用损失）。

三、海上货物保险保障的费用

费用是指被保险货物遇险时，为防止损失的扩大而采取措施所支出的费用。

承保的费用是指保险人（保险公司）在保险标的物因遭遇保险责任范围内的事故而产生的费用方面的损失给予的赔偿。

1. 施救费用

施救费用指保险标的物遇到保险责任范围内的灾害事故时，被保险人或其代表、雇佣人员和保险单证受让人为抢救货物，以防止其损失扩大所采取的措施而支出的费用。

保险人对被保险人所支付的施救费用应承担赔偿责任。赔偿金额以不超过该批货物的保险金额为限。《中华人民共和国海商法》（以下简称《海商法》）规定："被保险人为防止或者减少根据合同可以得到赔偿的损失而支出的合理费用，应当由保险人在保险标的赔偿之外另行支付。"

构成施救费用的条件如下：

（1）对保险标的进行施救必须是被保险人、其代理人或受让人，其目的是为了减少标的物遭受的损失。其他人采取此项措施必须是受被保险人的委托，否则不视为施救费用。

（2）保险标的遭受的损失必须是保单承保风险造成的。否则，被保险人对其进行抢救所支出的费用，保险人不予承担责任。

（3）施救费用的支出必须是合理的。

2. 救助费用

救助费用指保险标的物遇到灾害事故时，由保险人和被保险人以外的第三者采取救助行为而向其支付的费用。

救助费用一般都可列为共同海损的费用项目，因为通常它是在船、货各方遭遇共同危难的情况下，为了共同安全由其他船舶前来救助而支出的费用。

任务实施

活动：讨论案例。

步骤一：分析案例。教师组织各小组学习案例资料，找出案例的重点，如事件起因、受损货物、受损原因、损失程度等。

步骤二：各小组派代表解析案例。各组随机抽取一人，讲解步骤一提到的案例重点内容，并给出自己的观点。

步骤三：展开讨论。各组讨论案例，分析结果。

步骤四：教师总结。

资料：某公司出口一批货物，从大连驶往新加坡，在航行途中船舶货舱起火，大火蔓延到机舱，船长为了船、货的共同安全，决定采取往舱中灌水灭火的办法。火虽被扑灭，但由于主机受损，无法继续航行，于是船长决定雇佣拖轮将货船拖往附近的港口修理。检修后重新驶往目的港。事后调查发现，本次事故的损失有：①800箱货被烧毁；②800箱货由于灌水灭火受到损失；③主机和部分甲板被烧毁；④拖船的费用；⑤额外增加的燃料和船长、船员工资的给养。上述损失中哪些属于共同海损？哪些属于单独海损？

应用训练

请搜集相关资料总结海洋运输风险有哪些，并结合实际情况谈谈如何合理规避海洋运输风险。

拓展提升

国际货物投保相关词语辨别

一、共同海损与单独海损的区别与联系

1. 区别

（1）在造成损失的原因上，单独海损是由承保风险所直接造成的船、货的损失；共同海损则是为了解除或减轻承保风险而造成的一种损失。

（2）在损失的承担上，共同海损的损失是由各受益方按获救财产价值的大小比例分摊；单独海损的损失由受损方自己承担。

2. 联系

单独海损先发生，进而引起共同海损，在采取共同海损措施之前的部分损失一般可列为单独海损。

二、施救费用与救助费用的区别

（1）采取行为的主体不同。施救是被保险人及其代理人等采取的行为，而救助是保险人和被保险人以外的第三者所采取的行为。

（2）给付报酬的原则不同。施救费用是不论有无效果都予赔偿，而救助则是无效果无报酬。

（3）保险人的赔偿责任不同。施救费用可在保险货物本身的保额以外再赔偿等额保额；而保险人对救助费用的赔偿责任是以不超过获救财产的价值为限，即救助费用与保险货物本身损失的赔偿金额二者相加不得超过货物的保额，而且是按保险金额与获救的保险标的之价值比例承担责任。

（4）救助行为一般总是与共同海损联系在一起，而施救行为则并非如此。

任务评价

项　目	任务内容	结　果
知识水平	1. 了解风险，5分 2. 了解损失，10分 3. 了解海上费用，10分	
拓展能力	1. 分析海上风险的构成，10分 2. 分析航空运输风险、陆运风险，20分	
实践能力	1. 案例分析，20分 2. 航空风险报告，25分	
综合评价：		
知识考核	技能考核	实操考核	综合得分
□1□2□3□4□5	□1□2□3□4□5	□1□2□3□4□5	
教师签字：		年　月　日

任务二　掌握保险范围和种类

任务目标

知识目标

1. 掌握海运基本险和附加险
2. 熟悉航空运输保险承保的范围及种类
3. 掌握陆邮险的承保范围及种类

能力目标

1. 能够正确选择合适险别
2. 能准确说明各类保险的承保范围

任务描述

在了解了风险、损失及费用的相关情况后，荣信公司王天咨询宏大货代业务员苏姗，请教该批吊灯上一切险是否合适，一切险的承保范围如何，费用如何。苏姗仔细向王天介绍了保险的种类和范围，并根据货物情况等因素告诉王天该批货物投保一切险是合理的。

知识准备

一、海洋运输的保险种类及承保范围

海运货物保险的险种，习惯上把它们分成基本险、附加险和专门险。

1. 基本险

基本险又称主险，我国海洋运输货物的基本险分为平安险、水渍险和一切险三种。

（1）平安险（Free from Particular Average，FPA），其原文含义是“单独海损不赔”。

平安险的承保责任范围如下：

1）自然灾害造成的全损。

2）意外事故造成的全损或部分损失。

3）在运输工具已经发生搁浅、触礁、沉没、焚毁意外事故的情况下，货物又在海上遭受恶劣气候、雷电、海啸等自然灾害所造成的部分损失。

4）在装卸或转运时由于一件或数件货物整件落海造成的全部或部分损失。

5）被保险人对遭受承保责任内危险的货物采取抢救、防止或减少货损的措施而支付的合理费用，但以不超过该批被救货物的保险金额为限。

6）运输工具遭遇海难后，在避难港由于卸货所引起的损失以及在中途港、避难港由于卸货、存仓和运送货物所产生的特别费用。

7）共同海损的牺牲、分摊和救助费用。

8）运输契约订有“船舶互撞责任”条款，根据该条款规定由货方偿还船方的损失。

由于平安险承保责任范围不广，一般多用于大宗、低值、粗糙的无包装货物，如废钢铁、木材、矿砂等。

（2）水渍险（With Particular Average, WPA），其原文含义是“单独海损负责赔偿”。

水渍险的承保责任范围如下：

1）平安险所承保的全部责任。

2）被保险货物在运输途中，由于自然灾害所造成的部分损失。

（3）一切险（All Risks）是保险人对保险标的物遭受特殊附加险以外的其他原因造成的损失均负赔偿责任的一种保险。

一切险的承保责任范围：由于自然灾害和意外事故所造成的保险标的的全部损失或部分损失以及一般附加险的承保范围。

需要注意的是，一切险的承保责任也是有一定范围的，它的承保责任虽然较平安险和水渍险广泛，但保险人并不是对任何风险所致损失都负赔偿责任。对于一些不可避免的，必然发生的风险所造成的损失（如货物的内在缺陷和自然损耗所致损失），以及运输延迟、战争和罢工等所致损失，保险人均不负赔偿责任。

（4）除外责任是保险人不负赔偿责任的范围。

除外责任的范围如下：

1）被保险人的故意行为或过失所造成的损失。

2）属于发货人责任所引起的损失。

3）在保险责任开始前，被保险货物已存在的品质不良或数量短差所造成的损失。

4）被保险货物的自然损耗、本质缺陷、特性以及市价跌落、运输延迟所造成的损失和费用。

5）战争险和罢工险条款规定的责任范围和除外责任。

责任起讫仓至仓遵从条款。中国人民保险公司《海洋运输货物保险条款》规定索赔期限为2年，自被保险货物运抵目的港全部卸离海轮之日起计算（但我国《海商法》规定，上述索赔时效是自保险事故发生之日起计算）。

2. 附加险

附加险是基本险的扩大和补充，不能单独投保，只能在投保了基本险中的一种之后才能加保。加保的附加险可以是一种或几种，由被保险人根据需要选择确定。我国保险业习惯将附加险分为一般附加险、特别附加险和特殊附加险三类。

（1）一般附加险。

1）偷窃、提货不着险（Theft, Pilferage and Non-delivery Risk, TPND）是在投保平安险和水渍险的基础上加保此险，保险人负责赔偿对被保险货物因被偷窃，以及被保险货物运抵目的地后整件未交的损失。

偷窃不包括使用暴力手段的公开掠夺。提货不着是指货物的全部或整件未能在目的地交付给收货人。

2）淡水雨淋险（Fresh Water Rain Damage, FWRD）承保货物在运输途中由于淡水或雨淋所造成的损失。淡水包括船上淡水舱、水管漏水和舱汗等。

淡水是与海水相对而言的，由于平安险和水渍险只对海水所致的各种损失负责赔偿责任，因此，淡水雨淋险是扩展平安险和水渍险保险责任的附加险别。

3）短量险（Risk of Shortage）承保货物在运输过程中因外包装破裂、破口、扯缝造成货物数量短缺或重量短少的损失。对散装货物通常均以装船重量和卸船重量作为货物短少的依据（但不包括正常的途耗）。

4）混杂、玷污险（Risk of Intermixture and Contamination）是被保险货物在运输过程中，因混进杂质或被污染所引起的损失，如矿砂、矿石混进泥土，或棉布、服装、纸张被油类或带色的物资污染时。在这一险别下，上述混杂、玷污损失均由保险人负赔偿责任。

5）渗漏险（Risk of Leakage）主要承保流质、半流质、油类等货物，由于容器损坏而引起的渗漏损失，或因液体外流而引起的用液体盛装的货物（如湿肠衣、酱菜等）的变质、腐烂所致的损失。

6）碰损、破碎险（Risk of Clash and Breakage）承保货物在运输过程中，因震动、碰撞、受压造成的碰损和破碎损失。

7）串味险（Risk of Odour）承保货物在运输过程中，因受其他带异味货物的影响造成串味的损失。

8）钩损险（Hook Damage）承保袋装、捆装货物在装卸或搬运过程中，由于装卸或搬运人员操作不当，使用钩子将包装钩坏而造成货物的损失。

9）受潮受热险（Damage Caused by Sweating and Heating）承保货物在运输过程中，由于气温突然变化或船上通风设备失灵，使船舱内的水蒸气凝结而引起货物受潮或由于温度增高使货物发生变质的损失。

10）包装破裂险（Breakage of Packing）承保货物在运输过程中因包装破裂造成短少、玷污等损失。此外，对于在运输过程中，为了续运安全需要而产生的修补包装、调换包装所支付的费用也予负责。由于包装破裂造成物资的损失，从其他附加险的责任中可以得到保障，因此，这一险别主要是补偿由于修补或调换包装的损失。

11）锈损险（Risk of Rust）承保金属或金属制品一类货物在运输途中因生锈造成的损失。

（2）特殊附加险所承保的风险大多同国家行政管理、政策措施、航运贸易习惯等因素有关。

1）交货不到险（Failure to Delivery）。被保险货物从装上船时开始，如果在预定抵达日期起满六个月仍不能运到原定的目的地交货，则不论何种原因，保险公司均按全部损失赔偿。

"交货不到"同一般附加险中的"提货不着"不同，它往往不是承运人运输上的原因，而是某些政治因素引起的。例如，由于禁运被保险货物被迫在中途卸货造成损失。由于交货不到，很可能是被保险货物并未实际遭受全损，因此，保险人在按全损赔付时都特别要求被保险人将货物的全部利益转移给自己。

2）进口关税险（Import Duty Risk）。有些国家（如加拿大）对进口货物征收关税，不论货物是否完好，一律按完好时的价值十足计征。

3）舱面险（On Deck Risk）。由于货物装载舱面极易受损，遭受水湿雨淋等情况更是司空见惯。保险人为了避免承保的责任过大，通常只接受在平安险的基础上加保舱面险。

4）拒收险（Rejection Risk）。货物在进口时，由于各种原因，被进口国的有关当局拒绝进口或没收所造成的损失，保险人负赔偿责任。

5）黄曲霉毒素险（Aflatoxin Risk）。黄曲霉毒素是一种致癌毒素，发霉的花生、油籽、大米等一般都含有这种毒素。各国卫生当局对这种毒素的含量都有严格的限制标准。

6）港澳存仓火险是出口货物到中国香港（包括九龙在内）或中国澳门存仓火险责任的扩展条款。我国大陆地区出口到我国港澳地区的货物，有些是向我国在港澳地区的银行办理押汇。在货主向银行清还货款之前，货物的权益属于银行，因而在这些货物的保险单上注明过户给放款银行。如保险货物抵达目的地后，货主尚未还款，往往就将其存放在过户银行指定的仓库中。为使货物在存仓期间发生火灾能得到赔偿，就特别附加这一险别。这一险别的保险期限，是从货物运入过户银行指定的仓库时开始，直到过户银行解除货物权益或运输责任终止时起计算满30天为止。

7）海运战争险（Ocean Marine Cargo War Risk）承保直接由于战争、类似战争行为和敌对行为、武装冲突或海盗劫掠等所造成运输货物的损失；或由于上述原因引起的捕获、拘留、扣留、禁制、扣押等所造成的运输货物的损失；各种常规武器，包括水雷、鱼雷、炸弹等所造成的运输货物的损失；由本险责任范围所引起的共同海损牺牲、分摊和救助费用。

海运货物战争险的保险期间同海洋运输货物不同，它承保责任的起讫不是“仓至仓”，而是以“水上危险”为限，即以货物装上保险单所载明的起运港的海轮或驳船开始，到卸离保险单所载明的目的港的海轮或驳船为止。如果被保险货物不卸离海轮或驳船，保险责任期限以海轮到达目的港的当日午夜起算15天为止。如果货物需在中途港转船，也不得超过15天。只有在此期限内装上续运海轮，保险责任才继续有效。

8）海运货物战争险的附加费用险（Additional Expenses of War Risks）。发生战争险责任范围内的风险引起航程中断或挫折，以及由于承运人行使运输契约中有关战争险条款规定所赋予的权利，把货物卸在保险单规定以外的港口和地方，因而产生的应由被保险人负责的那部分附加的合理费用。这些费用包括卸货、上岸、存仓、转运、关税以及保险费等。

9）罢工险（Strikes Risk）承保货物由于罢工者、被迫停工工人或参加工潮、暴动、民众斗争的人员的行动，或任何人的恶意行为所造成的直接损失和上述行动或行为所引起的共同海损的牺牲、分摊和救助费用。

二、航空运输的保险种类及承保范围

1. 航空运输货物保险种类

航空运输货物保险的基本险别分为航空运输险和航空运输一切险。附加险有航空运输货物战争险。

（1）航空运输险和航空运输一切险。

1）航空运输险的承保责任范围与海洋运输货物保险条款中的水渍险大致相同。

2）航空运输一切险的承保责任范围与海洋运输货物保险条款中的一切险大致相同。

3）责任起讫也采用仓至仓条款，但与海洋运输不同的是在最后卸离地卸离飞机后满30天保险责任即告终止。

（2）航空运输货物战争险。自被保险货物装上保险单载明的起运地的飞机时开始，直到卸离保险单所载明的目的地的飞机为止。如果被保险货物不卸离飞机，则以载货飞机到达目的地的当日午夜起计算，满15天为止。如被保险货物在中途转运时，保险责任以飞机到达转运地的当日午夜起算，满15天为止；待装上续运的飞机，保险责任再恢复有效。

2. 航空货物运输险保险标的范围

（1）凡在中国境内经航空运输的货物均可成为本保险的标的。

（2）下列货物非经投保人与保险人特别约定，并在保险单（凭证）上载明，不在保险标的范围以内：金银、珠宝、钻石、玉器、首饰、古币、古玩、古书、古画、邮票、艺术品、稀有金属等珍贵财物。

（3）下列货物不在航空货物保险保险标的范围以内：蔬菜、水果、活牲畜、禽鱼类和其他动物。

3. 航空货物运输险保险责任范围

（1）火灾、爆炸、雷电、冰雹、暴风、暴雨、洪水、海啸、地陷、崖崩。

（2）因飞机遭受碰撞、倾覆、坠落、失踪（在三个月以上），在危难中发生卸载以及遭受恶劣气候或其他危难事故发生抛弃行为所造成的损失。

（3）因受震动、碰撞或压力而造成破碎、弯曲、凹瘪、折断、开裂的损失。

（4）因包装破裂致使货物散失的损失。

（5）凡属液体、半流体或者需要用液体保藏的保险货物，在运输途中因受震动、碰撞或压力致使所装容器（包括封口）损坏发生渗漏而造成的损失，或用液体保藏的货物因液体渗漏而致保藏货物腐烂的损失。

（6）遭受盗窃或者提货不着的损失。

（7）在装货、卸货时和港内地面运输过程中，因遭受不可抗力的意外事故及雨淋所造成的损失。

在发生航空运输保险责任范围内的灾害事故时，因施救或保护保险货物而支付的直接合理费用，但最高以不超过保险货物的保险金额为限。

三、陆运保险种类及承保范围

陆上运输货物保险的基本险别分为陆运险与陆运一切险两种。陆上运输货物保险和海洋运输货物保险一样也有附加险，即陆上运输货物战争险。

（1）陆运险的承保责任范围与海洋运输货物保险条款中的水渍险相似。

（2）陆运一切险的承保责任范围与海洋运输货物保险条款中的一切险相似。

以上责任范围均适用于火车和汽车运输，并以此为限。

（3）除外责任与海洋运输货物险的相同。

（4）责任起讫采用仓至仓条款。保险人负责自被保险货物运离保险单所载明的起运地仓库或储存处所开始运输时生效，包括正常运输过程中的陆上和与其有关的水上驳运在内，直至该项货物运达保险单所载目的地收货人的最后仓库或储存处所和被保险人用作分配、分派的其他储存处所为止。如未运抵上述仓库或储存处所，则以被保险货物运抵最后卸货车站满60天为止。

（5）索赔时效从被保险货物在最后目的地车站全部卸离车辆后起算，最多不超过两年。

四、邮递货物保险种类及承保范围

邮递货物保险通常包括邮包险、邮包一切险和邮包战争险。

1. 邮包险和邮包一切险

（1）邮包险的承保责任为负责赔偿被保险邮包在邮运途中遭受恶劣气候、雷电、海啸、地震、洪水等自然灾害，或由于运输工具搁浅、触礁、沉没、碰撞、倾覆、出轨、坠落、失踪或由于失火、爆炸等意外事故所造成的全损或部分损失。另外，还负责被保险人对保险责任内遭受危险的货物采取抢救、防止或减少货损的措施而支付的合理费用，但以不超过该批被救货物的保险金额为限。

（2）邮包一切险的承保责任。除包括邮包险的一切责任外，还负责赔偿被保险邮包在运输途中由于外来原因造成的（包括被偷窃、短少在内的）全部或部分损失。

（3）责任起讫。自被保险邮包离开保险单所载起运地点运往邮局时开始，直至被保险邮包运达保险单所载明的目的地邮局，自邮局签发到货通知书当日午夜起算，满15天终止，但在此期限内，邮包一经递交至收件人的处所时，保险责任即行终止。

2. 邮包战争险

（1）邮包战争险的责任范围。保险公司负责赔偿在邮包运输过程中由于战争、类似战争行为、敌对行为、武装冲突、海盗行为以及各种常规武器（包括水雷、鱼雷、炸弹）所造成的损失。此外，保险公司还负责被保险人对遭受以上承保责任内危险的物品采取抢救、防止或减少损失的措施而支付的合理费用。但是，保险公司不赔偿因使用原子弹或热核制造的武器所造成的损失。

（2）责任起讫。自被保险邮包经邮政机构收讫后自储存处所开始运送时生效，直至该项邮包运达保险单所载明的目的地邮政机构送交收件人为止。

➲小提示

在附加险方面，除战争险外，海洋运输货物保险中的一般附加险和特殊附加险险别及条款均可适用于陆、空、邮运输货物保险。

任务实施

活动：讲解运输保险的种类及承保范围。

步骤一：讲解国际运输保险的种类及承保范围。教师安排任务，要求各小组介绍国际运输保险的种类及承保范围。

步骤二：提问。小组展示过程中，各组随机提问，演示者答疑。

步骤三：点评。小组自评、互评，教师总结点评，提醒应注意的问题。

应用训练

广州某香料厂向东北某煤油厂购买了石油醚35吨，并投保了货物运输险。货物如期安全抵达广州火车站，站方通知香料厂提货。由于该厂无化工危险品运输能力，就委托广州港仓库协助运输。在运输过程中，仓库人员由于操作不当，有相当数量的石油醚流落地面。最后在搬运中装有石油醚的桶与地面摩擦产生火花，又引燃了地面上散发的可燃气体，酿成了火灾，烧掉了全部石油醚。香料厂向保险公司提出索赔。请分析此案该如何处理。

拓展提升

险别选取五要素

选择合适的险别应考虑以下五要素。

（1）货物的种类、性质和特点。

（2）货物的包装情况。

（3）货物的运输情况，包括运输方式、运输工具、运输路线。

（4）发生在港口和装卸过程中的损耗情况等。

（5）目的地的政治局势。

任务评价

项目	任务内容	结果
知识水平	1. 了解海运基本险，10分 2. 了解海运附加险，10分 3. 了解航空险，10分 4. 了解陆运保险、邮递货物保险，10分	
拓展能力	选择险别，20分	
任务实施	讲解保险，40分	
综合评价：		

知识考核	技能考核	实操考核	综合得分
□1□2□3□4□5	□1□2□3□4□5	□1□2□3□4□5	
教师签字：			年　月　日

任务三　掌握国际货物运输的投保和索赔

任务目标

知识目标

1. 了解保险投保程序
2. 了解索赔理赔程序

能力目标

1. 能办理保险
2. 熟悉索赔流程及操作要领
3. 会缮制保单

任务描述

经过宏达公司业务员苏姗的多次提醒和指导，荣信公司王天终于对国际货物运输保险有了深刻的了解和认识。苏姗提醒王天，在货物装柜后就要开始办理保险手续，此工作可以由王天自己去保险公司办理，也可以委托宏达公司办理。王天认为自己对此并不熟悉，为了节省时间，提高效率，王天委托宏达公司苏姗代为办理。

请说明保险的办理手续。

知识准备

一、国际货物投保程序

在国际货物运输过程中，由哪一方负责办理国际贸易运输保险，应根据买卖双方商订的价格条件来确定。例如，按FOB条件和CFR条件成交，保险即应由买方办理；如按CIF条件成，保险就应由卖方办理。

办理国际贸易运输保险的一般程序如图5-3所示。

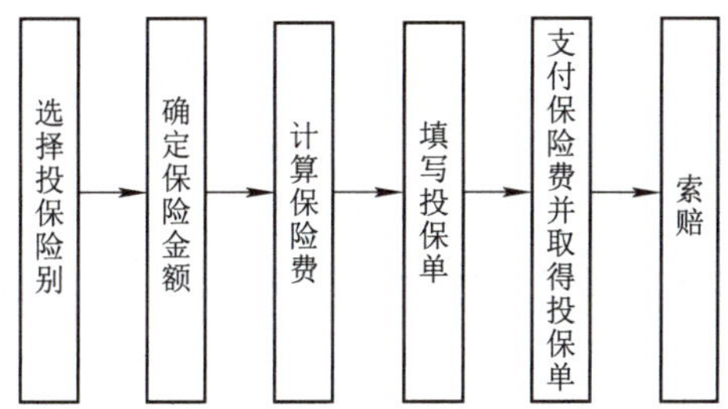

图5-3　办理保险的基本程序

1. 选择投保险别

根据货物自身特点，综合考虑运输方式、包装、路线、起运地、目的地、政治环境、港口因素等方面的特点，选择合适的保险险别。

2. 确定投保金额

保险金额是被保险人对保险标的的实际投保金额，是保险人计算保险费的基础，是保险人承担赔偿或给付保险金责任的最高限额。投保人在填写保单时应确定保险金额。

（1）出口业务中保险金额的确定。

出口货物保险金额一般是以CIF或CIP的发票价格为基础确定的，一般包括货价、运费、保险费以及预期利润等。所以，保险金额通常按CIF或CIP价格加成（一般为10%）后得到。

保险金额=CIF价（或CIP价）×（1+保险加成率）

如果是以CFR或CPT价格成交的合同，可先换算成CIF价格，再计算保险金额。

CIF价（或CIP价）=CFR价（或CPT价）/[1-（1+保险加成率）×保险费率]

如果是以FOB或FCA价格成交的，换算成CIF价格。

CIF价（或CIP价）= [FOB价（或FCA价）+运费]/[1-（1+保险加成率）×保险费]

（2）进口业务中保险金额的确定。

我国进口货物的保险金额原则上是以进口货物的CIF或者CIP价格计算，但进口货物较多采用FOB或FCA条件成交。为了方便计算，进出口企业往往与保险公司签订预约保险合同，共同议定平均运费率和平均保险费率，以进口货物的CIF货价作为保险金额，其计算公式为

保险金额=FOB价（或FCA价）×（1+平均运费率+平均保险费率）

这里计算出的保险金额是估算出的CIF或CIP价格，而且不另加成。如投保人要求加成

投保，保险公司也可以接受。

3．计算保险费

取得保险单，保险费按投保险别的保险费率计算。

保险费=保险金额×保险费率=CIF价×（1+加成率）×保险费率

保险费率是根据不同的险别、不同的商品、不同的运输方式、不同的目的地，并参照国际上的费率水平而制定的。它分为一般货物费率和指明货物加费费率两种。前者是一般商品的费率，后者是指特别列明的货物（如某些易碎、易损商品）在一般费率的基础上另行加收的费率。

4．填写投保单

保险单是投保人向保险人提出投保的书面申请，其主要内容包括被保险人的姓名、被保险货物的品名、标记、数量及包装、保险金额、运输工具名称、开航日期及起讫地点、投保险别、投保日期及签章等。

5．支付保险费并取得投保单

交付保险费后，投保人即可取得保险单。保险单实际上已构成保险人与被保险人之间的保险契约，是保险人与被保险人的承保证明。在发生保险范围内的损失或灭失时，投保人可凭保险单要求赔偿。

6．索赔

被保险的货物发生属于保险责任范围内的损失时，投保人可以向保险人提出赔偿要求。

二、国际货物索赔手续

如果被保险货物发生属于保险责任范围内的损失，被保险人在保险有效期内可以向保险人提出赔偿要求，称为保险索赔。

保险索赔程序，如图5-4所示。

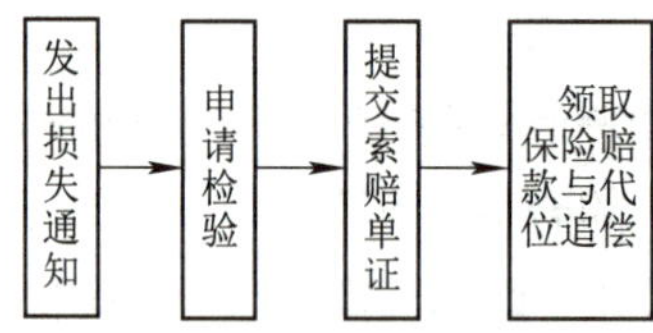

图5-4　保险索赔程序

（1）被保险货物运抵目的地后，收货人如发现整件短少或有明显残损，应立即向承运人或有关方面索取货损或货差证明。

（2）联系保险公司指定的检验理赔代理人申请检验，提出检验报告，确定损失程度，同时向承运人或有关责任方提出索赔。

（3）属于保险责任的，可填写索赔清单，连同提单副本、装箱单、保险单正本、磅码单、修理配置费凭证、第三者责任方的签证或商务记录以及向第三者责任方索赔的来往函件等向保险公司索赔。

（4）领取保险赔款或取得代位追偿权。索赔应当在保险有效期内提出并办理，否则保险公司可以不予办理。

任务实施

活动一：宏达货代公司投保流程再现。

步骤一：选择险别。

宏达公司苏姗根据荣信公司吊灯自身特点，考虑买方Mary的建议，并考虑航线等因素，建议王天选择投保一切险。

步骤二：确定投保的金额。

根据合同规定，荣信公司本批货物吊灯500件，每件一箱，每箱100美元，共计50 000美元，按发票金额10%加成投保。

投保金额=CIF价×（1+投保加成率）=50 000×（1+10%）=55 000（美元）

步骤三：计算保险费。

该批货物的保险费率是3%。

保险费=保险金额×保险费率=55 000×3%=1 650（美元）

步骤四：填制保单。

宏达公司制单员杨涵根据荣信公司相关资料，缮制保单，如图5-5所示。

货物资料如下。

货物品名：吊灯（DROPLIGHT）

合同号：RX20121110

商品编号：94051000

货物总体积：14.08m^3

货物总重：1000kg

净重：980kg

单价：USD100 PER PC　CIF SYD

货物数量：500件，500箱

装运港：深圳港（深圳）

目的港：悉尼港（SYDNEY）

船名航次：COSCO YINGKOU/24

提单号：COSU23103350

集装箱号：CBHU0517320

货代公司：深圳宏达国际货运有限公司

运输方式：水路运输

批准文号：841234587

运费：1020, 502/1020/3

保费：000/0.03/1

包装种类：纸箱

中国人民保险公司

THE PEOPLE'S INSURANCE COMPANY OF CHINA

总公司设于北京　　一九四九年创立

Head Office: BEIJING　Established in 1949

发票号码　　　　保险单　　　　保险单号次

Invoice No.　　　　　　　　Insurance Policy No.

INSURANCE POLICY

中国人民保险公司（发下简称本公司）

This Police of Insurance witnesses that The People's Insurance Company of China (hereinafter called "The Company")

根据（以下简称被保险人）的要求，由被保险人向本公司缴付约定的保险费，按照本保险单承保险别和背面所载条款与下列特款承保下述货物运输保险，特立本保险单。

at the request of Guangzhou Rongxin Economies Development Co.,Ltd (hereinafter called the "Insured") and in consideration of the agreed premium paying to the Company by the Insured, Undertakes to insure the undermentioned Goods in transportation subject to the conditions of this Policy as per clauses printed overleaf and other special clauses attached hereon.

标　记 Marks & Nos	包装及数量 Quantity	保险货物项目 Description of Goods	保险金额 Amount Insured
	500PIECE	吊灯（**DROPLIGHT**）	**USD55000.00**

总保险金额：

Total Amount Insured: **SAY UNITED STATES DOLLARS FIFTY THOUSANDS ONLY**

保费　　　　费率　　　　装载运输工具

Premium **as arranged** Rate **as arranged** Per conveyance S.S COSCO YINGKOU/24

开航日期　　　　自　　　　至

Sig on or abt **AS PER B/L** From **SHENZHEN** To **SYDNEY**

承保险别　投保一切险，按照中国人民保险公司1981年1月1日生效的有关海洋货物运输条款为准。

Conditions **ALL RISKS AS PER AND SUBJECT TO THE RELEVANT DCEAN MARINE CARGO CLOUSES OF THE PEOPLE'S INSURANCE COMPANY OF CHINA DATED 1/1, 1981.**

所保货物，如遇出险，本公司凭本保险单及其他有关证件给付赔款。

Claims, if any, Payable On, surrender of this Policy together with other relevant documents.

所保货物，如发生本保险单项下负责赔偿的损失或事故，应立即通知本公司下述代理人查勘。

In the event of accident whereby loss or damage may result in a claim under this policy immediate notice applying for survey must be given to the company's Agent as mentioned hereunder.

中国人民保险公司深圳分公司

THE PEOPLE'S INSURANCE Co.Ltd OF CHINA SHENZHEN BRANCH

赔款偿付地点

Claim payable at **SHENZHEN, CHINA**

日期

DATE **20/11 2012**

保单背书

Endorsement of Insurance Policy

图5-5　保险单

步骤五：宏达公司代缴保险费用，取得保单。

活动二：练习填制出险通知书。

教师安排学生自设情境自主练习填制出险通知书，如图5-6所示。

PICC中国人民财产保险股份有限公司

索赔申请、保险金给付通知书

立案编号：

保单号					投保险种	团意险
申请人	姓名		是被保险人的		电话	
	证件名称	身份证	证件号码			
	联系地址					
出险人	姓名		是 口被保险人 口连带被保险人		性别	男
	证件名称	身份证	证件号码			
	出险时间		出险原因			
	出险地点					
出险经过及结果	填写说明：（1）简述出险经过及结果；（2）如曾住院，请填写住院资料，如医院名称、起始日期等；（3）如在其他公司投保有其他险种，请告知承保公司持有保险合同、给付申请等情况。					
损失估计： 对上述事故造成的损失，（不）索赔有关伤残的费用。						
本人郑重声明：上述出险原因、经过及结果告知属实，如有误告，愿承担一切责任。 申请人签名： 日期：　年　月　日						

受理人：　　　　代码：　　　　受理日期：　年　月　日

1. 本通知书应由申请人于出险后立即填写后送保险公司。
2. 本通知书上对申请人是否索赔伤残费用有明确的指引，对不索赔的请在（不）字打“√”，若对此项费用申请索赔的请把（不）字划去。

图5-6　索赔申请、保险金给付通知书

应用训练

北京三和贸易有限公司拟出口多种产品，2012年7月与英国商人签订一份出口合同，出口英国水晶灯1 200件，请以小组为单位通过上网查找资料，根据货物的性质和贸易国别确定保险的险别，并以该公司制单员身份利用给定资料填制保险单，如图5-7所示，并模拟办理保险流程。

资料：

（1）标记：AS PER INVOICE NO.5683。

（2）数量：1200件，每件30美元CFR伦敦。

（3）投保加成10%，保险费率3%。

（4）运输方式和路线：海运，洋山港到伦敦。

（5）航名及航次：APL CHINA V.147E。

（6）保险单号：SH02/71002012。

（7）保险单签发日期和地点：2012年8月21日于上海。

（8）货物名称：水晶灯（CRYSTAL LAMP）。

中国人民保险公司

THE PEOPLE'S INSURANCE COMPANY OF CHINA

总公司设于北京　　一九四九年创立

Head Office: BEIJING　Established in 1949

发票号码　　**保险单**　　保险单号次

INSURANCE POLICY

中国人民保险公司（以下简称本公司）根据（以下简称被保险人）的要求，由被保险人向本公司缴付约定的保险费，按照本保险单承保险别和背面所载条款与下列特款承保下述货物运输保险，特立本保险单。

This Police of Insurance witnesses that The People's Insurance Company of China (hereinafter called "The Company")at the request of ______________________ (hereinafter called the "Insured") and in consideration of the agreed premium paying to the Company by the Insured, undertakes to insure the undermentioned goods in transportation subject to the conditions of this Policy as per Clauses printed overleaf and other special clauses attached hereon.

标　记 Marks & Nos	包装及数量 Quantity	保险货物项目 Description of Goods	保险金额 Amount Insured

总保险金额

Total Amount Insured ______________________

保费　　费率　　装载运输工具

Premium ________ Rate ______ Per conveyance S.S _________

开航日期　　自　　至

Sig on or abt _____ From _____ To ______

承保险别______，按照中国人民保险公司 _____年___月___日生效的有关海洋货物运输条款为准。

Conditions ____

____

所保货物，如遇出险，本公司凭本保险单及其他有关证件给付赔款。

Claims, if any, Payable On, surrender of this Policy together with other relevant documents.

所保货物，如发生本保险单项下负责赔偿的损失或事故，应立即通知本公司下述代理人查勘。

In the event of accident whereby loss or damage may result in a claim under this policy immediate notice applying for survey must be given to the company's Agent as mentioned hereunder.

中国人民保险公司深圳分公司

THE PEOPLE'S INSURANCE CO.OF CHINA SHENZHEN BRANCH

赔款偿付地点

Claim payable at

日期

DATE

保单背书

Endorsement of Insurance Policy

图5-7　空白保险单

拓展提升

保险单据

1. 保险单

保险单（Insurance Policy）俗称大保单，是投保人与保险人之间订立的正式保险合同的书面凭证。

2. 保险凭证

保险凭证（Insurance Certificate）俗称小保单，是一种简化的保险单据。它同正式保险单具有同等的效力。它的背面不载明保险人和被保险人双方的权利和义务关系。近年来，为了实现单据的规范化，不少保险公司已经废弃了这类保险凭证。

3. 联合凭证

联合凭证（Combined Certificate）是一种将发票和保险单结合的，比保险凭证更为简化的保险单据。保险公司将承保的险别、保险金额以及保险编号加注在投保人的发票上，并加盖印戳，其他项目均以发票列明的为准。

4. 预约保单

预约保单（Open Policy）又称预约保险合同或开口保险单。严格地说，它是一种没有总金额限制的预约保险总合同，是保险人对被保险人将要装运的属于约定范围内的一切货物自动承保的总合同。

预约保单可以防止因漏保或迟保而造成的无法弥补的损失。因为货物在未投保前出险，再向保险公司投保，照例不能被接受，当发生损失时就得不到保险赔款。

任务评价

<table>
<tr><th>项　目</th><th colspan="2">任务内容</th><th>结　果</th></tr>
<tr><td>知识水平</td><td colspan="2">了解国际货运保险的投保与索赔，10分</td><td></td></tr>
<tr><td>拓展能力</td><td colspan="2">1. 熟悉货运保险投保流程，20分
2. 熟悉索赔流程，10分</td><td></td></tr>
<tr><td>任务实施</td><td colspan="2">1. 填制保险单，30分
2. 填制出险通知书，30分</td><td></td></tr>
<tr><td colspan="4">综合评价：</td></tr>
<tr><td>知识考核</td><td>技能考核</td><td>实操考核</td><td>综合得分</td></tr>
<tr><td>□1□2□3□4□5</td><td>□1□2□3□4□5</td><td>□1□2□3□4□5</td><td></td></tr>
<tr><td colspan="3">教师签字：</td><td>年　　月　　日</td></tr>
</table>

项目内容

项目六　货运单证

任务一　了解进出口报关所需单证

任务二　熟悉货运单证及其流转程序

项目六　货运单证

国际业务中，涉及大量的单证。其中有合同、商业发票、信用证，也有托运单、装箱单、收货单、发货单、提单等货运单证。单证业务是国际货运代理必须熟悉并能获取准确信息、正确缮制和熟练流转的主要业务。在国际货运整个过程中的各个环节都与各种单证相联系，特别是报关阶段，缺少相应单证会极大地影响货物的通关速度。了解单证、熟悉单证、操作单证是货代人员的基本技能。

任务一　了解进出口报关所需单证

任务目标

知识目标

1. 掌握海运进出口报关需要准备的单证
2. 掌握空运进出口报关需要准备的单证

能力目标

1. 能够看懂各类单证，并从单证中获取相关信息
2. 能够及时纠正缮制单证过程中出现的问题
3. 熟悉单证流转过程

任务描述

以下资料是荣信公司与澳大利亚雅夫公司的业务资料。请根据图6-1和图6-2准备相应报关资料。

广州市荣信经贸发展有限公司

CONTRACT

编号NO.: RX20121110　　日期DATE: 2012.11.10

致TO: YAFU Co., Ltd.

买卖双方同意以下条款达成交易：

This contract is made by and agreed between the BUYER and SELLER, in accordance with the terms and conditions stipulated below.

1. 品名及规格 Commodity & Specification	2. 数量 Quantity	3. 单价及价格条款 Unit Price & Trade Terms	4. 金额 Amount
			CIF SYDNEY PORT, AUS
吊灯（DROPLIGHT） GW：1000KG，NW：980KG	500 CARTONS	USD100.00	USD50 000.00
Total:	500CARTONS		USD50 000.00

允许 With	溢短装，由卖方决定 More or less of shipment allowed at the sellers' option
5. 总值 Total Value	USD FIFTY THOUSANDS ONLY.
6. 包装 Packing	EXPORTED BROWN CARTON
7. 唛头 Shipping Marks	YAFU RX20121110 SYDNEY NO.1-500
8. 装运期及运输方式 Time of Shipment & means of Transportation	Not Later Than Dec.31, 2012 BY VESSEL
9. 装运港及目的地 Port of Loading & Destination	From: SHENZHEN PORT, CHINA To: SYDNEY PORT, AUSTRALIA
10. 保险 Insurance	ALL RISK
11. 付款方式 Terms of Payment	The Buyers shall open through a bank acceptable to the Seller an Irrevocable Letter of Credit payable at sight after the date of shipment.
12. 备注 Remarks	

买方 The Buyer YAFU Co.,Ltd. (signature)	卖方 The Seller Guangzhou Rongxin Economies Development Co.,Ltd (signature)

图6-1　广州市荣信经贸发展有限公司销售合同

COMMERCIAL INVOICE
商业发票

致To	YAFU Co., Ltd. 123, Sydney AV, AUS-SYDNEY TEL: 0061-2-62734750 FAX: 0061-2-62734750	发票号Invoice No.		2012RX001
		发票日期Invoice Date		2012-11-22
		合同号S/C No.		RX20121110
		合同日期S/C Date		2012-11-10
从From	SHENZHEN Port	到To		SYDNEY PORT
信用证号Letter of Credit No.	0011LC123756	信用证日期Date		2012-11-30
Marks and Numbers 唛头	货品描述Number and kind of package Description of goods	数量Quantity	单价Unit Price	总价Amount
				CIF SYDNEY PORT, AUS
YAFU RX20121110 SYDNEY NO.1-500	吊灯（Droplight） GW：1000KG，NW：980KG	500 CARTONS	USD100.80	USD50 000.00
总计Total:		500 CARTONS		USD50 000.00

大写SAY TOTAL:
TOTAL: USD FIFTY THOUSANDS ONLY.

图6-2 广州市荣信经贸发展有限公司商业发票

知识准备

一、海运进口报关所需单证

（1）进口货物报关单。一般进口货物应填写一式两份；需要由海关核销的货物，如加工贸易货物和保税货物等，应填写专用报关单一式三份；货物出口后需国内退税的，应另填一份退税专用报关单。

（2）货物发票、合同。要求份数比报关单少一份，对货物进口委托国内销售、结算方式是待货物销售后按实销金额向出口单位结汇的，进口报关时可准予免交。贸易合同一式两份。

（3）提货单。提货单包括陆运单、空运单和海运进口的提货单及海运出口的装货单。海关在审单和验货后，在正本货运单上签章放行退还报关员，凭此提货或装运货物。

（4）货物装箱单。货物装箱单的份数和发票一致。散装货物或单一品种且包装内容一致的件装货物可免交装箱单。

如果进口商委托报关而非亲自报关，须附有报关委托书、报检验委托书。

海关认为必要时，还应交验贸易合同、货物产地证书、濒危物种证明、非疫情产地证明等。

（5）其他相关单证。

1）经海关批准予以减税、免税的货物，应交附有海关签章的减免税证明。

2）已向海关备案的加工贸易的进出口货物，应交验海关核发的登记手册。

二、海运出口报关所需单证

（1）海运委托书一份，需要盖上业务公章。

（2）核销单一份。核销单要盖上企业的出口单位代码公章和中文业务公章。

（3）报关单一份，盖上报关专用章即可。

（4）装箱单一份，盖业务公章。

（5）合同、商业发票一份，盖业务公章。

（6）报关委托书一份。委托书需要盖三个章（依据委托书上面要求即可），一式三份。

三、空运进口所需单证

（1）到货通知单。空运货物到达目的站后，即向进口方或进口方货代发出到货通知单，通知买方货物已到。

（2）主运单、分运单、随机文件（发票、箱单、非木质包装证明、配额证等）。航空运单分主运单和分运单，是承运人与托运人之间签订的运输契约，也是承运人或其代理人签发的货物收据。航空运单还可作为核收运费的依据和海关查验放行的基本单据。空运进口业务除了提供航空运单外，还要提供商业发票、装箱单、非木质包装证明等文件。

（3）进口货物提货证明。进口货物还要提供航空公司的提货证明，航空运单不能代表航空公司的提货通知单。

（4）报关单、进口货物报关委托书。进口方需要委托货代代为报关，需要有进口货物报关委托书及进口货物报关单。

（5）有关的进口批文。相关进口货物要提供进口审批文件。

（6）仓库出库记录。在航空公司仓库出货后，要有出库明细记录。

（7）进口货物送货单。

四、空运出口所需单证

（1）出口报关单需加盖出口经营单位的报关专用章。

（2）装箱清单需与航班一起发送，加盖出口经营单位的公章。

（3）商业发票是报关、出货的必要文件，加盖出口经营单位的公章。

（4）销售合同是报关、结算的重要文件，加盖出口经营单位的公章或合同专用章。

（5）代理运输及报关委托书。如需要货代代为报关，需要签订报关委托书。

（6）承揽出口货物协议书。

（7）出口货物通关单（商检证）。

（8）其他的报关单证，如机电批文、出口配额证等。

任务实施

活动：熟悉海运出口报关流程。

步骤一：填写海运委托书。

王天根据苏姗要求，填写海运委托书，如图6-3所示，加盖荣信公司业务公章。

海 运 委 托 书　　　　托运单号：HD1234

委托日期	2012年11月15日

委托单位名称	**广州市荣信经贸发展有限公司**						
提单B/L项目要求	发货人Shipper：广州市荣信经贸发展有限公司 252, Dong Feng West Road , CHI-GUANGZHOU						
	收货人Consignee: YAFU Co., Ltd. 123, Sydney AV, AUS-SYDNEY						
	通知人Notify Party: TO THE ORDER						
海洋运费（√）Ocean freight:	√预付 或 到付 Prepaid or Collect:	提单份数	3	放单方式：		电放___1___正本	
起运港	深圳	目的港	悉尼	可否转船	否	可否分批	否
集装箱预配数	√20'GPx　40'GPx　40'HQx			装运期限		预定船期	20121211
标记唛头	件数及包装式样	中英文货号 Description of goods (In Chinese&English)	毛重（公斤）	尺码（立方米）		成交条件（总价）	
YAFU RX20121110 SYDNEY NO.1-500	500件 一件一箱	吊灯 （DROPLIGHT） GW: 1000KG, NW: 980KG	1000	14.08		CIF USD500 00.00	
			特种货物 □ 冷藏品 □ 危险品	重件：　每件重量 大　件：（长×宽×高）			
内装箱（CFS）地址				是否委托我司报关：是　√　否			
门对门装箱点	地址			是否委托我司安排拖车：是　√　否			
	电话		联系人	是否需要转关：是　否√			
随附单证份	出口货物报关单	1	商业发票	1	委托方	委托人	王天
	出口收汇核销单	1	装箱清单	1		电　话	83202115
	进来料加工手册		出口许可证			传　真	83202115
	原产地说明书	1	出口配额证			地　址	广州市东风西路252号
	危险货物说明书		商检证	1		委托单位盖章	**广州市荣信经贸发展有限公司**
	危险货物包装证		动植物检疫证				
	危险货物装箱申明书						
备注：							

图6-3　海运委托书

步骤二：提供合同、商业发票。

王天按苏姗的要求提供荣信公司与雅夫公司的贸易合同（见图6-1）、商业发票（见图6-2）。

步骤三：出具货物装箱单。

荣信公司王天出具装箱单，如图6-4所示，加盖公司业务章。

广州市荣信经贸发展有限公司
PACKING LIST
装箱单

发票号INVOICE NO.: 2012RX001　　合同号CONTRACT NO.: RX20121110
提单号B/L NO.: COSU23103350　　日期DATE:2012-12-05
船名航次NAME OF VESSEL: COSCO YINGKOU/24
从FROM: SHENZHEN　　到TO: SYDNEY
发票抬头人SOLD TO MESSRS: YAFU CO., LTD.

唛头 MARKS & NOS	货品描述 COMMODITY	数量 QUANTITY	毛重 NW	净重 GW	尺码 MEASUREMENT
YAFU RX20121110 SYDNEY NO.1-500	吊灯（DROPLIGHT）	500 CARTONS	1000KG	980KG	14.08CBM

SIGNED BY: Guangzhou Rongxin Economies Development CO.,LTD
DATE: 20121205

图6-4　装箱单

步骤四：提供出口收汇核销单。目前，国家已经取消外汇核销。

荣信公司的吊灯在办理出口货物报关时，应交验外汇管理部门加盖监督收汇章的出口收汇核销单，如图6-5所示。王天办理完毕后交给苏姗。

出口收汇核销单

（ ）编号：

出口单位：广州市荣信经贸发展有限公司
单位代码：64839743-1
出口币种汇总：
收汇方式：T/T
预计收款方式：
预计收款日期：
报关日期：20121215
备注：
此单报关有效期截止到

出口单位盖章

出口收汇核销单

（ ）编号：

出口单位：广州市荣信经贸发展有限公司				
单位代码：64839743-1				
银行签注	类别	币种金额	日期	盖章
海关签注栏：				
外汇局签注栏：				

出口单位盖章

出口收汇核销单

（ ）编号：

出口单位：广州市荣信经贸发展有限公司		
单位代码：64839743-1		
货物名称	数量	币种总价
吊灯	500	USD50000
报关单编号 532020120 525913535		
外汇局签注栏：		

此联未经许可不得撕开

图6-5　出口收汇核销单

步骤五：填写报关委托书，缮制出口报关单。

荣信公司王天需要委托宏达公司报关，填制报关委托书，并提供出口报关单。如果王天填制报关单有困难，也可以委托给宏达公司代为填写出口报关单。

步骤六：提供原产地证书，如图6-6所示。

王天首先要确定本单位是否在中国国际贸易促进委员会（以下简称贸促会）注册登记过。未注册的单位首先根据注册程序申请注册登记，已在贸促会注册登记的申请单位应由指定的原产地证申领员持贸促会颁发的《原产地证明书申领员证》向所在地的贸促会申领由贸促会统一印制的《一般原产地证明书申请书》和《中华人民共和国出口货物原产地证明书》，并准确、真实地填写其中各栏。

申请单位出口每批货物时，应于货物报关出运前三天向签证机构申请办理原产地证，并严格按照签证机构的要求真实、完整、正确地填写相关材料，经过审核领取原产地证书。

<table>
<tr><td colspan="2">1. Goods consigned from(Exporter's business name, address, country)
IMPORT & EXPORT CO.,LTD. SHENZHEN HAIFU
O/B…</td><td colspan="4" rowspan="4">Reference No.
GENERALIZED SYSTEM OF PREFERENCE
CERTIFICATE OF ORIGIN
(Combined declaration and certificate)
FORM A
Issued in THE PEOPOE'S REPUBLIC OF CHINA
(Country)
See Noted Overleaf</td></tr>
<tr><td colspan="2"></td></tr>
<tr><td colspan="2">2. Goods consignee to (Cousignee's name, address, country)
To Order</td></tr>
<tr><td colspan="2"></td></tr>
<tr><td colspan="2">3. Means of transport and route(as far as known)</td><td colspan="4" rowspan="2">4. For official use</td></tr>
<tr><td colspan="2"></td></tr>
<tr><td>5. Item number</td><td>6. Marks and num ber of packages</td><td rowspan="2">7. Number and kind of packages; description of goods</td><td rowspan="2">8. Origin criterion</td><td rowspan="2">9. Gross weight or other quantity</td><td rowspan="2">10. Number and date of invoices</td></tr>
<tr><td></td><td></td></tr>
<tr><td colspan="2">11.Certification
It is hereby certified,on the basis of control carried out,
the dsclaration by the exporter is correct.

Place and date. signature and stamp of certifying authority</td><td colspan="4">12.Declaration by the exporter
he undersigned hereby declares that the above detail and statements are correct that the goods were produce in
----
and that they comply with the original requirements sp ecified for those goods in the Generaliderl System of Preferences for goods exp orted to
----
(import country)

Place and date,signature of authorized signatory</td></tr>
</table>

图6-6　原产地证书样本

步骤七：其他有关单证。

（1）经海关批准予以减税、免税的货物，应交海关签章的减免税证明，北京地区的外资企业需另交验海关核发的进口设备清单。

（2）已向海关备案的加工贸易合同进出口的货物，应交验海关核发的登记手册。

应用训练

2012年3月1日，英国沃雷通用机械制造有限公司向英国迅捷国际货运有限公司进行委托查询，双方经过商讨后签订合同，3月1日英国沃雷通用机械制造有限公司向英国迅捷国际货运有限公司传真委托单，委托单号：20100519156，货物品名：直线运动轴承，目的港格罗瑞，英国迅捷国际货运有限公司对传真托运单进行确认，按照英国沃雷通用机械制造有限公司委托单信息，3月20日英国沃雷通用机械制造有限公司联系订舱代理（英国迅捷国际货运有限公司）、船公司（HMM-现代船公司）、仓库（英国外贸仓储伦敦储运公司分公司）和车队（英国外贸仓储伦敦储运公司分公司），并确定了船公司、船名、航次、离港/到港日期、截关日期，以及船公司分配的订舱编号。根据要求到工厂进行装箱（做箱），在规定时间内办理报关手续，货物在指定时间和地点装船后，船公司根据进舱信息开立货物提单。详细信息见表6-1。根据资料需要准备哪些相关单证？

表6-1 资料说明

报检单位	英国沃雷通用机械制造有限公司	报检单位登记号	87665279
报检日期	2012-03-10 11:30:00	运输工具	MOL WORLD 17
发货人	英国沃雷通用机械制造有限公司 BRITISH WORLEY GENERAL MACHINERY ANUFACTURING Co. Ltd.	收货人	东孚（上海）国际贸易有限公司 DOKIF INTERNATIONAL TRADING (SHANGHAI) Co., Ltd.
联系人	张××	联系电话	021-27617683
贸易方式	一般贸易	用途	商品
合同号	A2365078	信用证号	5656834
许可证号	2400000875129	生产单位注册号	2400000875129
H.S编码	3137998	货物总值	500000

拓展提升

出境货物换证凭单

根据任务准备资料，申领的出境货物换证凭单，如图6-7所示。

出境货物换证凭单

类别：口岸申报换证　　　　编号：3200000202000368

<table>
<tr><td colspan="2">发货人</td><td colspan="2">广州市荣信经贸发展有限公司</td><td>标记及号码</td></tr>
<tr><td colspan="2">收货人</td><td colspan="2">YAFU CO.,LTD.</td><td rowspan="6">YAFU
RX20121110
SYDNEY
NO.1-500</td></tr>
<tr><td colspan="2">品名</td><td colspan="2">吊灯（DROPLIGHT）</td></tr>
<tr><td colspan="2">H.S. 编码</td><td colspan="2">94051000</td></tr>
<tr><td colspan="2">报检数/重量</td><td colspan="2">500箱</td></tr>
<tr><td colspan="2">包装种类及数量</td><td colspan="2">纸箱-500</td></tr>
<tr><td colspan="2">申报总值</td><td colspan="2">50000美元</td></tr>
<tr><td colspan="2">产地</td><td>广州市</td><td>生产单位（注册号）</td><td>6500/554433</td></tr>
<tr><td colspan="2">生产日期</td><td>2012/08</td><td>生产批号</td><td>×××</td></tr>
<tr><td colspan="2" rowspan="2">包装性能检验结果单号</td><td rowspan="2">320100381005836</td><td>合同/信用证号</td><td>RX20121110 / 2012LC123756</td></tr>
<tr><td>运输工具名称及号码</td><td>COSCO YINGKOU/24</td></tr>
<tr><td colspan="2">输往国家或地区</td><td>澳大利亚</td><td>集装箱规格及数量</td><td>1 TEU</td></tr>
<tr><td colspan="2">发货日期</td><td>20121206</td><td>检验依据</td><td>合同</td></tr>
<tr><td rowspan="2">检验检疫结果</td><td colspan="4">本批商品经抽取代表性样品检验结果如下：
一、主控项目检验
1．灯具固定符合要求。
2．金属无锈，灯壁无腐蚀，无破损。
3．绝缘耐火材料检查符合要求。
4．灯具安装高度及使用电压等级符合要求。
二、一般项目
1．灯具的导线线芯最小截面积符合要求。
2．灯具外形、灯头接线检查符合要求。
3．玻璃罩安全检查符合要求。
三、外包装检验
无破损。
结论：本批商品符合上述检验依据，适合使用。
（出入境检验检疫局检验检疫专用章）</td></tr>
<tr><td>签字：</td><td>张翰</td><td colspan="2">日期：2012年12月14日</td></tr>
<tr><td colspan="2">本单有效期</td><td>截止于</td><td colspan="2">2013年2月17日</td></tr>
<tr><td colspan="2">备注</td><td colspan="3">查验合格。</td></tr>
</table>

分批出境核销栏	日期	出境数/重量	结存数/重量	核销人	日期	出境数/重量	结存数/重量	核销人

说明：1．货物出境时，经口岸检验检疫机关查验货证相符，且符合检验检疫要求的予以签发通关单或换发检验检疫证书；

2．本单不作为国内贸易的品质或其他证明。

3．涂改无效。

图6-7　荣信公司出境货物换证凭单

任务评价

项　目	任 务 内 容		结　果
知识水平	1．了解海运进出口报关所需单证，10分 2．了解空运进出口准备所需单证，10分		
拓展能力	1．分析资料，准备单证，20分 2．缮制相关单证，30分		
实践能力	根据资料独立完成单证准备及缮制，30分		
综合评价			
知识考核	技能考核	实操考核	综合得分
□1□2□3□4□5	□1□2□3□4□5	□1□2□3□4□5	□1□2□3□4□5
教师签字：			年　月　日

任务二　熟悉货运单证及其流转程序

任务目标

知识目标

1. 了解主要货运单证类型
2. 掌握货运单证的流转程序

能力目标

1. 能够进行货运单据处理
2. 学会货运单证操作流程

任务描述

参考任务一中的任务描述，完成装卸船的海运单证缮制及流转。

知识准备

一、海运的主要单证

1. 托运单

托运单（Booking Note，B/N）又称“下货纸”，是托运人根据贸易合同和信用证条款内容填制的、向承运人或其代理办理的货物托运单据。承运人根据托运单内容，结合船舶的航线、挂靠港口、船期和舱位等条件综合考虑后，即可接受托运。

2. 装货单

装货单（Shipping Order，S/O）是接受了托运人提出装运申请的船公司，签发给托运人，凭此命令船长将承运的货物装船的单据。装货单既可作为装船依据，又是货主凭此向海关办理出口申报手续的主要单据之一。

3. 收货单

收货单（Mates receipt，M/R）又称大副收据，是船舶收到货物的收据及货物已经装船的凭证。

4. 海运提单

海运提单（Bill of Lading，B/L）是船公司签发的装船证明，也是一种物权凭证，买方需凭提单换取提货单提货，卖方需要提供提单才能结汇。

5. 装货清单

装货清单（Loading list，L/L）是承运人（船公司或其代理）根据装货单留底，将全船待装船货物按目的港和货物性质分类，依照航次、靠港顺序排列而编制的装货单汇总清单。内容包括：装货单编号、货名、件数、包装形式、毛重、尺码及特种货物对装运的要求或注意事项的说明等。装货清单是船上大副编制配载计划的依据，又是现场理货人员进行理货、港区安排驳运、进出库场以及承运人掌握情况的业务单据。

6. 舱单

舱单（Manifest，M/F）又称船单、出口载货清单，是按卸货港逐票罗列全船载运货物的汇总清单。它是在货物装船完毕之后，由船公司根据收货单或提单编制的。其主要内容包括：货物详细情况、装卸港、提单号、船名航次、托运人和收货人、标记唛码等。舱单作为船舶运载所列明货物的证明，是船舶办理进口报关手续的必要单证，也是装货港承运人代理联系有关业务及卸货港代理据以事先作好卸货准备的业务单据。

7. 货物积载图

货物积载图（Stowage Plan，SP）是根据货物实际装舱情况编制的舱图，是船方进行货物运输、保管和卸货工作的参考资料，也是卸港据以理货、安排泊位、货物进仓或安排车驳的文件。

8. 货物残损单和货物溢短单

货物残损单是一份根据理货员现场记录编制的属于船方责任的残损货物汇总清单。货物溢短单是卸货完毕时，对全船所卸货结合舱单及有关货运单据（如理货单、理货日报单等）对溢短货物所做的汇总清单。这两份单证都应由理货组长和船方大副共同签订后才有效，可作为今后处理溢短残案件时划分货方及船方之间责任的依据之一。

二、装、卸船货运单证的流转程序

（1）代理公司同意承运后签发装货单，并要求托运人将货物送至指定的装船地点。

（2）托运人持代理公司签发的装货单和二联（收货单）送海关办理出口报关手续。然后，装货单和收货单送交理货公司。

（3）代理公司根据装货单留底编制装货清单送船舶。

（4）船上大副根据装货清单编制货物配载图交代理公司分送理货、装卸公司等按计划装船。

（5）托运人将货物送码头仓库，期间商检和海关到港口检验、验关。

（6）货物装船后，理货组长将装货单和交大副核对无误的收货单，留下装货单，签发收货单。

（7）理货组长将大副签发的收货单交托运人。

（8）托运人持收货单到代理公司处支付运费（在预付运费情况下）提取提单。

（9）代理公司审核无误后留下收货单，签发提单给托运人。

（10）托运人持提单到议付银行结汇，议付银行将提单邮寄到开证银行。

（11）代理公司编制出口载货清单，向海关办理船舶出口手续，并将出口载货运费清单交船随带。

（12）代理公司根据提单副本编制出口载货运费清单，连同提单副本送交船公司，并邮寄或交船带交卸货港的代理公司。

（13）卸货港的代理公司接到船舶抵港电报后，通知收货人船舶到港日期。

（14）收货人到银行付清货款，取回提单。

（15）卸货港代理公司根据装货港代理公司寄来的货运单证，编制进口载货清单等卸货单据，约定装卸公司，联系泊位，做好卸货准备工作。

（16）卸货港代理公司办理船舶进口报关手续。

（17）收货人向卸货港代理公司付清应付费用后，以正本提单换取提货单。

（18）收货人持提货单送海关办理进口报关手续。

（19）收货人持提货单到码头仓库提取货物。

三、海运十联单

海运十联单也称为场站收据，是集装箱运输重要出口单证，其组成格式在许多资料上说法不一。不同的港、站使用的场站收据也有所不同，联数有七联、十联、十二联不等。这里以十联单格式为例说明场站收据的组成情况，具体操作如图6-8所示。

第一联为集装箱货物托运单，货主留底，白色。

第二联为集装箱货物托运单，船代留底，白色。

第三联为运费通知（1），白色。

第四联为运费通知（2），白色。

第五联为场站收据副本，即装货单（关单），白色。

第六联为场站收据副本，即大副联，粉红色。

第七联为场站收据（正本联），淡黄色。

第八联为货代留底，白色。

第九联为配舱回单（1），白色。

第十联为配舱回单（2），白色。

标准格式为十二联的，其第十一、十二联供仓库收货和点数使用。标准格式为七联的场站收据无上述第一、三、四、十联，但增加集装箱理货留底联。

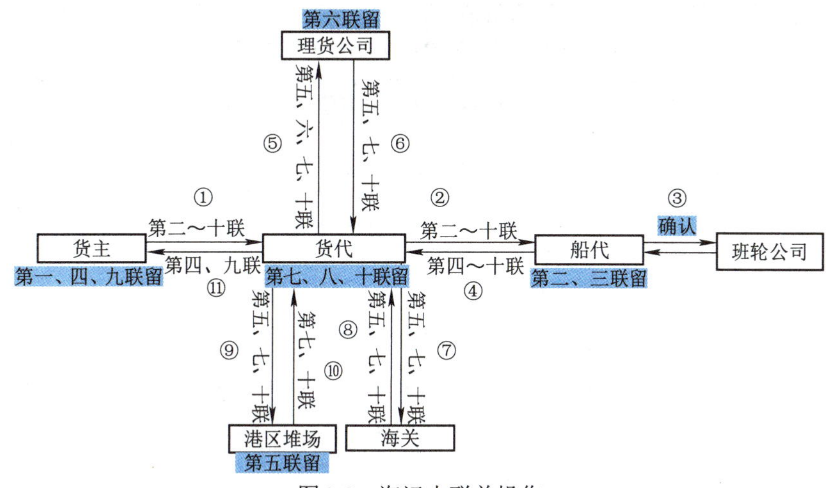

图6-8 海运十联单操作

任务实施

活动：填制单据。

步骤一：缮制装货单、收货单，如图6-9、图6-10所示。

中国外轮代理公司

CHINA OCEAN SHIPPING AGENCY

装货单

SHIPPING ORDER S/O NO.______

船名 目的港
S/S______________________ For______________________

托运人
Shipper______________________

受货人
Consignee______________________

通知
Notify______________________

兹将下列状况完好的货物装船并签署收货单据。
Received on board the under mentioned goods apparent in good order and condition and sign the accompanying receipt for the same.

标记及号码 Marks & Nos.	件数 Quantity	货名 Description of Goods	毛/净重量（公斤）Weight In Kilos		尺码 Measurement 立方公尺 CBM
			Net	Gross	
共计件数（大写）Total Number of Packages in writing					

日期 时间
Date______________________ Time______________________

装入何舱
Stowed______________________

实收
Received______________________

理货员签名 经办员
Tallied By______________________ Approved By______________________

图6-9 装货单样本

中国外轮代理公司
CHINA OCEAN SHIPPING AGENCY
收货单
MATES RECEIPT S/O NO.______

船名 目的港
S/S______________________________ For______________________________
托运人
Shipper______________________________
受货人
Consignee______________________________
通知
Notify______________________________
兹将下列状况完好的货物装船并签署收货单据。
Received on board the under mentioned goods apparent in good order and condition and sign the accompanying receipt for the same.

标记及号码 Marks & Nos.	件数 Quantity	货名 Description of Goods	毛/净重量（千克）Weight In Kilos		尺码Measurement 立方公尺CBM
			Net	Gross	
共计件数（大写）Total Number of Packages in writing					

日期 时间
Dat______________________________ Time______________________________
装入何舱
Stowed______________________________
实 收
Received______________________________
理货员签名 大 副
Tallied By______________________ Chief Officer______________________

图6-10 收货单

步骤二：缮制出口货物明细单，如图6-11所示。

出口货物明细单

年 月 日			银行编号		外运编号	
			核销单号		许可证号	
经营单位（装船人）			合同号			
			信用证号			
			收汇方式			
提单或承运收据	抬头人		开证日期		金额	
	通知人		贸易性质		贸易国别	
			出口口岸		目 的 港	
	运费		可否转运		可否分批	
			装运期限		有效期限	
标记唛头	货名规格及货号	件数及包装式样	毛重/KG	净重/KG	价格（成交条件）	
					单价	总价
					TOTAL:	
SAY TOTAL:						
本公司注意事项			总体积			
			保险单	险别		
				保额		
				赔款地点		
外运外轮注意事项			船名			
			海关编号			
			放行日期			
			制单员			

图6-11 出口货物明细单

步骤三：缮制载货清单，如图6-12所示。

载 货 清 单

编号№________________

中国车牌号：　　　　　　　　他国车牌号：
拖车号：　　　　　　　　　　集装箱编号：
装货地点：　　　　　　　　　卸货地点：
出境日期：

此载货清单共3联

编号№.	货物名称及规格	唛头及编号	包装方式及件数	净重（千克）	价格（币种）	发货人	收货人
合计							

（承运人名称）____________声明：上列货物由本承运人承运，并负责向海关承担责任。

____________________承运车辆进出境许可证号码。

驾驶员姓名：__________ 签名：__________ 日期：__________

合同号	海关关锁号	
海关监管方式 □过境　　□其他	起运国海关批注、签章	指运国海关批注、签章
备注：	关员签名 日期：	关员签名 日期：

图6-12　载货清单

步骤四：缮制海运提单，如图6-13所示

海 运 提 单

<table>
<tr><td colspan="2">SHIPPER</td><td colspan="4" rowspan="6">B/L NO.

COSCO
CHINA OCEAN SHIPPING (GROUP) CO.
ORIGINAL
COMBINED TRANPORT BILL OF LADING</td></tr>
<tr><td colspan="2">CONSIGNEE</td></tr>
<tr><td colspan="2">NOTIFY PARTY</td></tr>
<tr><td>PLACE OF RECEIPT</td><td>OCEAN VESSEL</td></tr>
<tr><td>VOYAGE NO</td><td>PORT OF LOADING</td></tr>
<tr><td>PORT OF DISCHARGE</td><td>PLACE OF DELIVERY</td></tr>
<tr><td colspan="6">MARKS　NOS.&KINDS OF PKGS　DESCRIPTION OF GOODS　G.W.(kg)　MEAS(m^3)</td></tr>
<tr><td colspan="6"></td></tr>
<tr><td colspan="6">TOTAL NUMBER OF CONTAINERS OR PACKAGES (IN WORDS)</td></tr>
<tr><td>FREIGHT & CHARGES</td><td>REVENUE TONS</td><td>RATE</td><td>PER</td><td>PREPAID</td><td>COLLECT</td></tr>
<tr><td colspan="2">PREPAID AT</td><td colspan="2">PAYABLE AT</td><td colspan="2">PLACE AND DATE OF ISSUE</td></tr>
<tr><td colspan="2">TOTAL PREPAID</td><td colspan="2">NUMBER OF ORIGINAL B(S)L</td><td colspan="2"></td></tr>
<tr><td colspan="2">LOADING ON BOARD THE VESSEL
DATE</td><td colspan="4">BY</td></tr>
</table>

图6-13　海运提单

应用训练

根据下列资料及销售合同（见图6-14）缮制装货单、收货单、海运提单、货物明细单等相关单据。

2012年3月22日，中国银行江苏省分行通知世格国际贸易有限公司（以下简称世格公司）收到利雅得银行转来的信用证，经审核，世格公司认为其符合要求，随即开始根据信用证的有关规定备货出运。4月12日，世格公司向船公司订舱。请根据信用证及合同的有关规定填写出口货物明细单。

补充资料：商品毛重：19074.44KGS；体积：22.80CBM。

SALES CONTRACT

SELLER:	DESUN TRADING Co., Ltd. HUARONG MANSION RM2901 NO.85 GUANJIAQIAO, NANJING 210005, CHINA TEL: 0086-25-4715004 FAX: 0086-25-4711363	**NO.:** **DATE:** **SIGNED IN:**	NEO2012026 Feb. 28, 2012 NANJING, CHINA
BUYER:	NEO GENERAL TRADING CO. P.O. BOX 99552, RIYADH 22766, KSA TEL: 00966-1-4659220 FAX: 00966-1-4659213		

This contract Is made by and agreed between the BUYER and SELLER, in accordance with the terms and conditions stipulated below.

Commodity & Specification	Quantity	Unit Price & Trade Terms	Amount
		CFR DAMMAM PORT, SAUDI ARABIA	
ABOUT 1700 CARTONS CANNED MUSRHOOMS PIECES & STEMS 24 TINS X 425 GRAMS NET WEIGHT (D.W. 227 GRAMS) AT USD7.80 PER CARTON. ROSE BRAND.	1 700CARTONS	USD7.80	USD13 260.00
Total:	**1 700CARTONS**		**USD13 260.00**

With	More or less of shipment allowed at the sellers' option
Total Value	USD THIRTEEN THOUSAND TWO HUNDRED AND SIXTY ONLY.
Packing	EXPORTED BROWN CARTON
Shipping Marks	ROSE BRAND 178/2012 RIYADH
Time of Shipment & means of Transportation	Not Later Than Apr.30, 2012 BY VESSEL
Port of Loading & estination	From : SHANGHAI PORT, CHINA To : DAMMAM PORT, SAUDI ARABIA
Insurance	TO BE COVERED BY THE BUYER.
Terms of Payment	The Buyers shall open through a bank acceptable to the Seller an Irrevocable Letter of Credit payable at sight of reach the seller 30 days before the month of shipment, valid for negotiation in China until the 15th day after the date of shipment.
Remarks	

图6-14 销售合同

拓展提升

集装箱货运操作全套单证

一、集装箱出口业务

1. 拼箱

（1）货主提供的单证如下：出口委托书、出口货物明细单、装箱单、发票、出口许可证、出口收汇核销单、退税单和报关手册。

（2）货代负责的单证包括：提单（正本/副本）、海运单、出口货物报关单证、货物报关清单、进舱通知、集拼货预配清单、装箱单和集装箱发放设备交接单（进场/出场）。

2. 整箱

集装箱整箱货运所需单证包括：海运出口委托书、海运十联单、集装箱陆上货物运输托运单、装箱单、集装箱发放/设备交接单、报关单、集拼货预配清单、装箱单、提单（正本/副本）。

二、集装箱整箱进口业务

集装箱整箱进口业务所需单证如下。

（1）进出口货物代理报关委托书。

（2）提货单（进口五联单）。第一联：到货通知书；第二联：提货单（D/O）；第三联：费用账单（1）；第四联：费用账单（2）；第五联：交货记录。

（3）设备交接单。第一联：船代留底联；第二联：堆场联；第三联：用箱人联。

（4）海关进口货物报关单、提单（正本/副本）。

（5）货物运输报价单。

任务评价

<table>
<tr><th>项　目</th><th colspan="2">任务内容</th><th>结　果</th></tr>
<tr><td>知识水平</td><td colspan="2">1. 了解主要货运单证及英文缩写，10分
2. 了解单证流转程序，10分</td><td></td></tr>
<tr><td>拓展能力</td><td colspan="2">根据资料缮制单证，40分</td><td></td></tr>
<tr><td>实践能力</td><td colspan="2">根据业务资料熟练掌握单证流转过程，40分</td><td></td></tr>
<tr><td colspan="4">综合评价：</td></tr>
<tr><td>知识考核</td><td>技能考核</td><td>实操考核</td><td>综合得分</td></tr>
<tr><td>□1□2□3□4□5</td><td>□1□2□3□4□5</td><td>□1□2□3□4□5</td><td></td></tr>
<tr><td colspan="3">教师签字：</td><td>年　月　日</td></tr>
</table>

项目内容

项目七　报关报检

项目七　报关报检

报关就是向海关申报进出口业务，每一单进出口货物都必须报关。报检是为进出口货物申报品质检验，并不是每一单进出口货物都检验，所以相对于报关来说，报检的业务量少于报关。报关和报检虽只有一字之差却有着根本的区别。外贸工作人员需要熟悉报关报检流程。

任务一　熟悉报检工作

任务目标

知识目标

1. 掌握商检的意义和作用
2. 熟悉检验证书的种类及作用

能力目标

1. 能够操作进出口商品检验检疫流程
2. 掌握办理检验检疫手续的准备工作

任务描述

广州市荣信经贸发展有限公司与澳大利亚雅夫有限公司于2012年11月10日签订销售吊灯500箱的合同，并约定于2012年12月底装船。2012年11月15日，荣信公司王天委托宏达公司代为办理该笔业务。其具体资料如下：

货物品名：吊灯（DROPLIGHT）　　合同号：RX20121110

发票号：2012RX001　　信用证号：2012LC123756

海关编号：532020120 525913535　　商品编号：94051000

货物总体积：14.08m^3　　货物总重：1000KG

净重：980KG　　单价：USD100 PER PC CIF SYD

货物数量：500件，500箱　　装运港：深圳港（深圳）

目的港：悉尼港（SYDNEY）　　船名航次：COSCO YINGKOU/24

提单号：COSU23103350　　结汇方式：信用证

集装箱号：CBHU0517320　　许可证号：D456235

核销单号：088925800

货代公司：深圳宏达国际货运有限公司

卖方：广州市荣信经贸发展有限公司，单位代码4401234567

运输方式：水路运输　　批准文号：841234587

运费：1020，502/1020/3　　保费：000/0.03/1

包装种类：纸箱　　唛头：YAFU

RX20121110

SYDNEY

NO.1-500

请完成报检手续。

知识准备

货物检验是指专门的进出口商品检验机构和其他指定机构，依照法律、法规或进出口合同的规定，对进出口商品的品质、规格、数量、包装、安全性能等进行各种分析和测量，并出具检验证书的活动。

货物检验可以在出口国进行，也可以在进口国完成。检验结果以检验证书的结论为准，它是通关、征税、议付、计收运费、交接货物以及索赔、仲裁或诉讼的凭证。

一、商检的作用

商检机构依法对进出口商品实施检验与管理，具有两个主要作用：一是把关，二是服务。

（1）把关作用。国家设立商检部门，其主要目的就是加强进出口商品检验工作，保证进出口商品的质量，维护对外贸易有关各方的合法权益，促进对外贸易的顺利发展。因此，把关是商检工作的首要作用。

（2）服务作用。商检机构的服务作用也十分明显，主要体现在以下几个方面。

1）促进进出口商品质量的提高。商检机构通过检验和监督管理，把好进出口商品质量关，防止不合格的商品进出口，有力地促进了中国境内的出口、生产企业和境外的卖方、厂家提高产品的质量。

2）对进出口商品提供证明。在国际经济贸易活动中，有关各方经常需要一个第三者作为出证鉴定人对进出口商品进行检验或鉴定，供有关各方进行交接、计费、索赔、理赔、免责之用。这是一种技术和劳务相结合的服务工作。商检机构由于自身的性质、技术条件和信誉，长期以来在这一个重要领域发挥自己的特长和优势，起着积极的作用。

3）收集和提供与进出口商品质量、检验有关的各种信息。由于工作关系，商检机构经常接触国内外大量的商品质量、性能、价格、分布等方面的信息。及时收集整理这些信息资料，提供给有关部门参考，这也是《中华人民共和国商检法》对商检工作的要求。

二、商检证书的作用和种类

1. 商品检验证书

进出口商品经过商检机构进行检验或鉴定后，由该检验机构出具的书面证明称为商品检验证书。此外，在交易中如果买卖双方约定由生产单位或使用单位出具检验证明，则该证明也可起到检验证书的作用。在国际贸易中，由国家设置的检验机构或由经政府注册的、独立的、第三者身份的鉴定机构，对进出口的商品的质量、规格、卫生、安全、检疫、包装、数量、重量、残损以及装运条件、装运技术等进行检验、鉴定和监督管理工作。进出口商品检验是货物交接过程中不可缺少的一个环节。经检验合格的，发给检验证书，出口方即可报关出运；检验不合格的，可申请一次复验，复验仍不合格的，不得出口。

2. 商品检验证书的作用

商检证书关系到有关各方的经济责任和权益，其作用表现为：

（1）作为卖方所交付货物的品质、重量、数量、包装及卫生条件等是否符合合同规定的依据。

（2）作为买方对品质、数量、重量、包装等提出异议、拒收货物、要求赔偿的凭证。

（3）作为卖方向银行议付货款的单据之一。

（4）作为出口国和进口国海关验放的有效证件。

（5）作为证明货物在装卸、运输中的实际状况、明确责任归属的依据。

商品检验证书起着公正证明的作用，是买卖双方交接货物、结算货款和处理索赔、理赔的主要依据，也是通关纳税、结算运费的有效凭证。

3. 商品检验证书的种类

（1）品质检验证书，是出口商品交货结汇和进口商品结算索赔的有效凭证，是法定检验商品的证书，是进出口商品报关的合法凭证。商检机构签发的放行单和在报关单上加盖的放行章有与商检证书同等通关效力，签发的检验情况通知单同为商检证书性质。

（2）重量检验证书，是证明进出口商品重量的证明文件。

（3）数量检验证书，是证明进出口商品数量的证明文件。

（4）兽医检验证书，是证明出口动物产品或食品经过检疫合格的证件，适用于冻畜肉、冻禽、禽畜罐头、冻兔、肠衣等出口商品。兽医检验证书是对外交货、银行结汇和进口国通关输入的重要证件。

（5）卫生/健康检验证书，是证明可供人类食用的出口动物产品、食品等经过卫生检验或检疫合格的证件，适用于肠衣、罐头、冻鱼、蛋品、乳制品、蜂蜜等。卫生/健康检验证书是对外交货、银行结汇和通关验放的有效证件。

（6）消毒检验证书，是证明出口动物产品经过消毒处理，保证安全卫生的证件，适用于猪鬃、马尾、羽毛、人发等商品。消毒检验证书是对外交货、银行结汇和国外通关验放的有效凭证。

（7）熏蒸证书，是用于证明出口粮谷、油籽、皮张等商品，以及包装用木材与植物性填充物等，已经过熏蒸灭虫的证书。

（8）残损检验证书，是证明进口商品残损情况的证件，适用于进口商品发生残、短、毁等情况。残损检验证书可作为受货人向发货人、承运人或保险人等有关责任方索赔的有效证件。

（9）产地检验证书。如果合同规定出具原产地证明，按给惠国的要求，出口方开具原产地证明，商检机构签发原产地证书。

（10）价值检验证书，是证明产品的价值或发票所载商品价值正确的文件。

（11）积载鉴定证书，是证明船方和集装箱装货部门正确配载积载货物，作为证明履行运输契约义务的证件。积载鉴定证书可供货物交接或发生货损时处理争议之用。

（12）验残检验证书，是证明商品残损情况、残损程度、残损原因，供索赔、理赔之用的文件。

（13）财产价值鉴定证书，是作为对外贸易关系人和司法、仲裁、验资等有关部门索赔、理赔、评估或裁判的重要依据。

（14）船舱检验证书，证明承运出口商品的船舱清洁、冷藏效能及其他技术条件是否符合保护承载商品的质量和数量完整与安全的要求，可作为承运人履行租船契约适载义务，对外贸易关系方进行货物交接和处理货损事故的依据。

（15）生丝品级及公量检验证书，是出口生丝的专用证书。其作用相当于品质检验证书和重量/数量检验证书。

（16）舱口检视证书、监视装/卸载证书、舱口封识证书、油温空距证书、集装箱监装/拆证书，作为证明承运人履行契约义务，明确责任界限，便于处理货损货差责任事故的证明。

（17）价值证明书，作为进口国管理外汇和征收关税的凭证。在发票上签盖商检机构的价值证明章与价值证明书具有同等效力。

（18）货载衡量检验证书，是证明进出口商品的重量、体积吨位的证件，可作为计算运费和制订配载计划的依据。

（19）集装箱租箱交货检验证书、租船交船剩水/油重量鉴定证书，可作为契约双方明确履约责任和处理费用清算的凭证。

此外，根据具体业务需要，商检机构还可以签发检温证书、验舱证书等。

任务实施

活动：熟悉报检程序。

荣信公司委托宏达公司办理出口报检手续。签订货代委托合同工作完成后，报检程序主要包括以下几项内容。

步骤一：收集整理客户报检资料。

荣信公司王天按照宏达货代公司苏姗的要求，准备整理报检所需的单证。单证包括如下内容：

（1）该批出境货物的对外贸易合同（售货确认书/函电）、信用证、商业发票、装箱单（出口货物明细单）、购销合同。

（2）出境货物属卫生注册、质量许可证管理或审批范畴的，报检时应提供相关文件或注册、许可证号。

（3）该批出境货物须经生产者、经营者检测合格，并附检测证明或检测报告（厂检结果单）。申请数量、重量检验的，还应加附数量、重量明细单或磅码单。

（4）盛装该批出境货物所用的一般运输包装的性能检验结果单，在分批使用时应提供性能单复印件。

（5）凡凭样成交的出境货物，报检时应提供买卖双方共同确认或铅封的成交样品。

（6）若经外地检验检疫机关检验检疫合格，需在本地实施查验后装运出口的出境货物，报检时应加附该批出境货物的换证凭单正本。

步骤二：填制出境货物报检单。

荣信公司王天根据报检申请通知单（见表7-1）填制出境货物报检单（见图7-1），加盖报检单位印章，并准确填写本单位在检验检疫机构备案或注册登记的代码。所列各项内容完整、准确、清晰、无涂改，且经宏达公司业务员苏姗和报检员李娜核查。

表7-1 报检申请（通知）单

报 检 单 位	广州市荣信经贸发展有限公司	报检单位登记号	201202150010
报检日期	2012-12-12 08:30:00	运输工具	COSCO YINGKOU/24
发货人	广州市荣信经贸发展有限公司	收货人	YAFU Co.，Ltd.
贸易方式	一般贸易	用途	商品
联系人	王天	联系电话	13××××××785
合同号	RX20121110	信用证号	2012LC123756
许可证号	D456235	生产单位注册号	32010001542
H.S编码	94051000	货物总值	50 000美元
包装	箱		

中华人民共和国出入境检验检疫

出境货物报检单

报检单位（加盖公章）： 广州市荣信经贸发展有限公司 *编 号

报检单位登记号：201102150010 联系人：王天 电话：1331××××785 报检日期：2012-12-12 08:30:00

收货人	（中文）	澳大利亚雅夫有限公司	企业性质（划“√”）	□合资□合作□外资
	（外文）	YAFU Co.，Ltd.		
发货人	（中文）	广州市荣信经贸发展有限公司		
	（外文）	Guangzhou Rongxin Economies Development Co.，Ltd.		

货物名称（中/外文）	H.S.编码	原产国（地区）	数/重量	货物总值	包装种类及数量
吊灯（DROPLIGHT）	94051000	中国	500箱 /1000KGS	50 000.00USD	箱/500

运输工具名称号码	COSCO YINGKOU/24			合同号	RX20121110
贸易方式	一般贸易	贸易国别（地区）	澳大利亚	提单/运单号	COSU23103350
到货日期		启运国家（地区）	中国	许可证/审批号	D456235
卸毕日期		启运口岸	深圳港	入境口岸	悉尼
索赔有效期至		经停口岸		目的地	澳大利亚悉尼
集装箱规格、数量及号码					
合同订立的特殊条款以及其他要求				货物存放地点	STO-申通快运
				用 途	自营自销
随附单据（划“√”或补填）		标记及号码		*外商投资财产（划“√”）	□是□否
√”合同 □发票 √提/运单 □兽医卫生证书 □植物检疫证书 □动物检疫证书 □卫生证书 √原产地证 √”许可/审批文件	□到货通知 √装箱单 □质保书 □理货清单 □磅码单 □验收报告 □ □ □	YAFU RX20121110 SYDNEY NO.1-500		*检验检疫费	
				总金额（人民币元）	
				计费人	
				收费人	
报检人郑重声明： 1. 本人被授权报检。 2. 上列填写内容正确属实。 签名： 王天				领取证单	
				日期	
				签名	

注：有“*”号栏由出入境检验检疫机关填写

图7-1 出境货物报检单

步骤三：向商检部门提交材料。

审核报验申请单，报检员李娜同时提交合同、信用证、成交样品及其他必要的资料。出口报验的时间：一般在发运前7～10天，对于鲜货应在发运前3～7天。

步骤四：抽样。

抽样时，按规定的方法和一定的比例，在货物不同部位抽取一定数量的、能代表全批货物质量的样品（标本）供检验之用。

步骤五：检验。

接受报验后，研究检验项目，确定检验内容，仔细审核合同对品质、包装的规定，弄清检验依据，确定检验标准、方法，然后对抽样进行检验。

步骤六：签证。

荣信公司的吊灯列入出口货物，经检验合格后签发出境货物通关单。凡规定由商检部门出证的或国外要求签发检验证书的，根据规定签发证书。

应用训练

2012年3月1日，上海捷宁国际货运有限公司接受西孚（上海）国际贸易有限公司货运委托查询，双方经过商讨后签订合同，3月1日西孚（上海）国际贸易有限公司向上海捷宁国际货运有限公司传真委托单，委托单号：20120301156，货物品名：直线运动滑轮，目的港：汉堡。上海捷宁国际货运有限公司对传真托运单进行确认，按照西孚（上海）国际贸易有限公司委托单信息，3月20日西孚（上海）国际贸易有限公司联系订舱代理（上海捷宁国际货运有限公司）、船公司（HMM-MODEN船公司）、仓库（上海外贸仓储浦东储运公司分公司）和车队（上海外贸仓储浦东储运公司分公司），并确定了船公司、船名、航次、离港、到港日期、截关日期，以及船公司分配的订舱编号，并根据要求到工厂进行装箱（做箱），在规定时间内办理报关手续，货物在指定时间和地点装船后，船公司根据进舱信息开立货物提单。

根据资料表7-2的报检申请（通知）单填制报检单。

表7-2　报检申请（通知）单

报检单位	西孚（上海）国际贸易有限公司	报检单位登记号	87665279
报检日期	2012-03-10 11:30:00	运输工具	MOL WORLD 17
发货人	西孚（上海）国际贸易有限公司Dokif International Trading（SHANGHAI）Co., Ltd.	收货人	德国雷通用机械制造有限公司 GERMAN WORLEY GENERAL MACHINERY MANUFACTURING Co. Ltd.
联系人	张林	联系电话	021-27617683
贸易方式	一般贸易	用途	商品
合同号	A2365078	信用证号	5657834
许可证号	2400000875129	生产单位注册号	2400000875129
H.S编码	3137998	货物总值	800 000

拓展提升

报 检 员

一、报检员定义

报检员是指在外贸企业、代理报检企业等机构中专业从事出入境检验检疫报检业务的人员。超强度脑力劳动是报检员职业的最大特点，一名合格的报检员，除应具备基本常识和相当的理论功底外，还须具有良好的沟通能力，能与客户、海关人员和商检人员等进行沟通，要解答客户提出的各种专业性问题。

二、报检员职责

（1）报检员依法代表所属企业办理报检业务。报检员应当并有权拒绝办理所属企业交办的单证不真实、手续不齐全的报检业务。

（2）报检员应当对所属企业负责，接受检验检疫机构的指导和监督，并履行下列义务。

1）遵守有关法律法规和检验检疫的规定。

2）在办理报检业务时严格按照规定提供真实的数据和完整、有效的单证，准确、清晰地填制报检单，并在规定的时间内缴纳有关费用。

3）参加检验检疫机构举办的有关报检业务的培训。

4）协助所属企业完整保存各种报检单证、票据、函电等资料。

5）承担其他与报检业务有关的工作。

三、报检员报考资格

（1）报检员资格实行全国统一考试制度。报检员资格全国统一考试办法由国家质检总局另行制定。

（2）参加报检员资格考试的人员应当符合下列条件：

1）年满18周岁，具有完全民事行为能力。

2）具有良好的品行。

3）具有高中或者中等专业学校以上学历。

4）国家质检总局规定的其他条件。

（3）资格考试合格的人员，取得《报检员资格证》。两年内未从事报检业务的，《报检员资格证》自动失效。

任务评价

项　目	任务内容	结　果
知识水平	1. 了解报检知识，10分 2. 熟悉报检流程，10分	
拓展能力	1. 分析资料，说明运作报检手续，30分 2. 缮制报检单，20分	

（续）

项　目	任务内容		结　果
实践能力	独立完成报检业务，30分		
综合评价：			
知识考核	技能考核	实操考核	综合得分
□1□2□3□4□5	□1□2□3□4□5	□1□2□3□4□5	
教师签字：			年　月　日

任务二　熟悉报关工作

任务目标

知识目标

1. 了解海关的主要业务制度
2. 掌握报关的基本程序、工作流程
3. 掌握报关的基本规则

能力目标

1. 能够操作报关流程
2. 掌握缮制报关单的能力
3. 能准确描述报关注意的问题

任务描述

根据任务一中的任务描述制作荣信公司吊灯业务的报关单，并熟练掌握报关流程。

知识准备

一、报关方式

报关方式包括：口头报关、书面报关、电子报关。

二、报关资格

1　企业

（1）专业报关企业是指已在海关注册登记，专门从事代理报关的具有境内法人地位的经济主体。

（2）代理报关企业是指已在海关注册登记，代理进出口货物报关、纳税等事项的国际货物运输代理企业或国际运输工具代理企业。

（3）自理报关企业是指已在海关注册登记，仅为本企业（单位）办理进出口货物报关手续的报关企业。

2　个人

个人必须取得报关资格。

三、报关期限

出口货物的发货人或其代理人除海关特许外，应当在装货的24小时之前向海关申报。

进口货物的收货人或其代理人应当自载运该货的运输工具申报进境之日起14天内向海关办理进口货物的通关申报手续。

四、报关注意问题

（1）申报企业必须在海关注册：无进出口经营权和报关权的企业，应委托货运代理公司或外贸公司等具备报关资格的企业代为办理进出口货物的报关手续，并签订书面委托合同。

（2）委托企业如实提供所需资料，否则代理报关企业无须承担由此引发的后果。

（3）报关企业如实填制报关单，仔细检查报关单的相关内容，确保单证相符、单货相符。

（4）报关员向海关递交报关单，意味着通关工作正式开始。报关单位及其报关员必须承担相应的法律和经济责任。

（5）一旦进入报关程序，委托企业和报关企业不得随意更改报关内容。如需更改，需填制更改单，经海关审核通过后方可更改。

（6）对于海关审核过程中的疑问，企业应及时反馈和沟通。货物的收、发货人或者他们的代理人，在货物进出口时，应在海关规定的期限内，按海关规定的格式填写进出口货物报关单，随附有关的货运、商业单据，同时提供批准货物进出口的证件，向海关申报。

任务实施

活动：熟悉报关业务。

在出境货品送达到深圳文锦渡海关监管区域后，宏达公司报关员赵玲根据我国进出境通关条例进行报关业务。

步骤一：报关资料准备。

因荣信公司王天对报关业务不熟悉，则全权委托宏达公司办理。宏达公司业务员苏姗在接受业务委托后，要求王天提供报关委托书（见图7-2），并着手准备报关所需单证，如进出口报关单、发票、装箱单、装货单或提货单、进出口核销单、减免税证明、合同、报关委托书及各种特殊管制证件等。

代理报关委托书

编号：HO1234

我单位现B（A逐票、B长期）委托贵公司代理ABCDEFGH等通关事宜。（A．填单申报　B．辅助查验 C．垫缴税款　D．办理海关证明联　E．审批手册　F．核销手册　G．申办减免税手续　H．其他）详见《委托报关协议》。

我单位保证遵守《中华人民共和国海关法》和国家有关法规，保证所提供的情况真实、完整、单货相符。否则，愿承担相关法律责任。

本委托书有效期自签字之日起至2014年12月31日止。

委托方（盖章）：广州市荣信经贸发展有限公司

法定代表人或其授权签署《代理报关委托书》的人（签字）王天

2012年1月16日

图7-2　报关委托书

委托报关协议

为明确委托报关具体事项和各自责任，双方经平等协商签订协议如下：

委托方	广州市荣信经贸发展有限公司	被委托方	深圳宏达国际货运有限公司	
主要货物名称	吊灯	*报关单编码	532020120525913535	
HS编码	94051000	收到单证日期	年 月 日	
货物总价	USD50000.00	收到单证情况	合同 √	发票 √
进出口日期	2012年11月10日		装箱清单 √	提（运）单 √
提单号	COSU23103350		加工贸易手册□	许可证件 √
贸易方式	一般贸易		其他	
原产地/货源地	中国深圳	报关收费	人民币： 元	
其他要求：		承诺说明		
背面所列通用条款是本协议不可分割的一部分，对本协议的签署构成了对背面通用条款的同意。		背面所列通用条款是本协议不可分割的一部分，对本协议的签署构成了对背面通用条款的同意。		
委托方业务签章： 经办人签章： 联系电话： 年 月 日		被委托方业务签章： 经办报关员签章： 联系电话： 年 月 日		

（白联：海关留存；黄联：被委托方留存；红联：委托方留存）中国报关协会监制

图7-2 报关委托书（续）

步骤二：申请报关。

填制出境货物报关单，申请报关流程（如图7-3所示）。

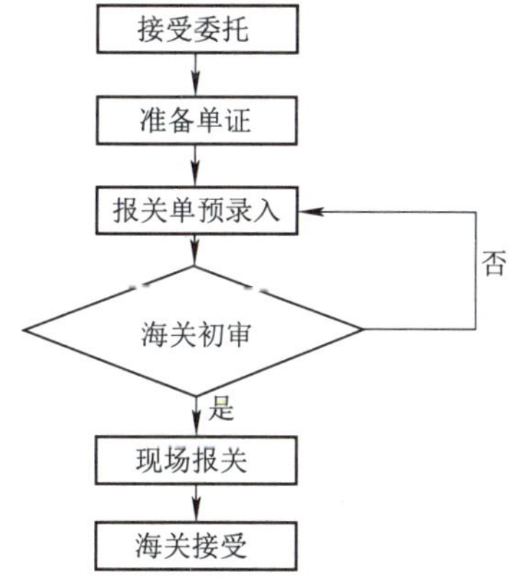

图7-3 报关申报流程

（1）缮制出口报关单（见图7-4），所列各项内容完整、准确、清晰，不得涂改，且经报关员赵玲核查。

（2）报关单预录入。报关员赵玲在准备好报关材料后，先进行电子报关单的填写，称为电子数据预录入。

（3）海关初审。海关对报关企业提交的电子材料进行初步审核。如果没有发现问题，报关企业准备所有资料到海关现场进行现场申报。如果发现问题，企业及时更正重新申报。

（4）现场报关。通过初审，赵玲持所需材料进入海关现场递交材料。

（5）海关接受。海关核对报关材料后接受报关。

中华人民共和国海关出口货物报关单

预录入编号：　　　　　　　　海关编号：532020120 525913535

出口口岸　深圳文锦渡海关（5102）	备案号	出口日期		申报日期 20121215
经营单位　（4401234567）广州市荣信经贸发展有限公司	运输方式 江海运输	运输工具名称 COSCOYINGKOU/24		提运单号 COSU23103350
发货单位　广州市荣信经贸发展有限公司	贸易方式 （0110）一般贸易		征免性质 一般征免	结汇方式 信用证
许可证号　D456235	运抵国（地区） 澳大利亚	指运港 悉尼		境内货源地 广州
批准文号　088925800	成交方式 CFR	运费 502/1020/3	保费 000/0.03/1	杂费
合同协议号　RX20121110	件数 500	包装种类 纸箱	毛重（公斤） 1000	净重（公斤） 980
集装箱号　CBHU0517320	随附单据			生产厂家 广州市荣信经贸发展有限公司
标记唛码及备注 YAFU RX20121110 SYDNEY NO.1-500				

项号	商品编号	商品名称、规格型号	数量及单位	最终目的国（地区）	单价	总价	币制	征免
01	94051000	吊灯	500箱	澳大利亚	100.00	50000.00	USD	照章

税费征收情况		
录入员　　录入单位	兹声明以上申报无讹并承担法律责任	海关审单批注及放行日期（签章）
报关员	申报单位（签章）	审单　　审价
单位地址	广州市荣信经贸发展有限公司	征税　　统计
邮编　　电话	填制日期　2012 12 15	查验　　放行

图7-4　出口货物报关单

步骤三：海关查验。

海关查验流程，如图7-5所示。

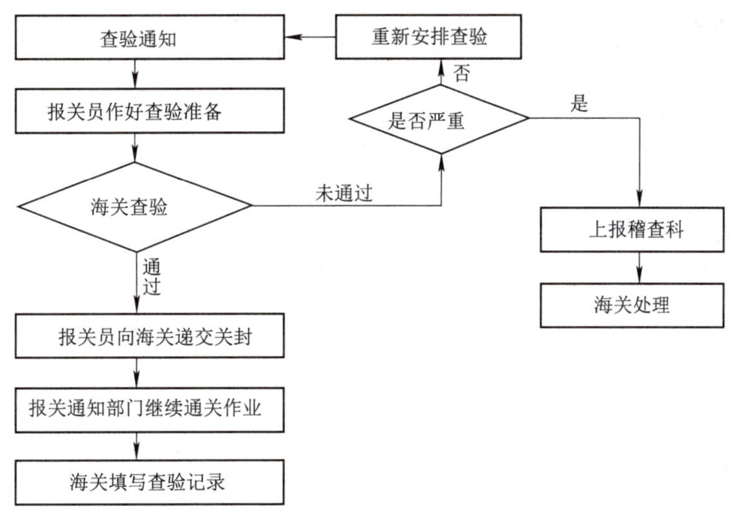

图7-5 海关查验流程图

（1）报关单审核通过后，海关安排查验，由现场接单报关员打印查验通知单，必要时制作查验关封交报关员。

（2）安排查验计划。由现场海关查验受理岗位安排查验的具体时间，一般当天安排第二天的查验计划。

（3）海关查验货物时，进口货物的收货人、出口货物的发货人或其授权报关员应当到场，并负责协助搬移货物，开拆和重封货物的包装。海关认为必要时，可以开验、复验或者提取货样。

（4）查验结束后，由陪同人员在查验记录单上签名、确认。

步骤四：征税。

海关核定完税价格，出口企业缴纳出口关税，可先由宏达公司代缴。

步骤五：放行。

放行是口岸海关监管现场作业的最后一个环节。口岸海关在接受进出口货物的申报后，经过审核报关单据，查验实际货物，并依法办理征收货物税费手续或减免税费手续后，在有关单据上签盖放行章，结束海关的监管行为。进口货物可由收货人提取、发运；出口货物可由发货人装船、起运。

对需要出口退税的货物，出口货物的发货人应在向海关申报出口时增附一份浅黄色的出口退税专用报关单。

海关放行后，在报关单上加盖“验讫章”和已向税务机关备案的海关审核出口退税负责人的签章，并加贴防伪标签后退还报关单位，送交退税地税务机关。

应用训练

请完成进口报关单缮制。

资料1：

ABC上海有限公司位于上海外高桥保税区，海关注册编号为310124××××，所申报商品位列B31084400153号登记手册备案料件第13项，法定计量单位为千克，货物于2012年6月15日运抵口岸，当日向外港海关（关区代码为2225）办理进口申报手续。

预录入号：222520080601 海关编号：222520080601

废物进口许可证号：SEPAZ2006031771 付汇核销单：29/3772345

资料2：

商业发票，如图7-6所示。

ABC(SHANGHAI)CO,LTD NO.XX NANJING ROAD, SHANGHAI, CHINA				
COMMERCIAL INVOICE				
CONSIGNEE:			**INVOICE NO.**	BL04060643
ABC(SHANGHAI)CO,LTD NO.XX NANJING ROAD, SHANGHAI, CHINA			**CONTRACT NO.**	ABC-1001
SHIPPER:				
ABC(HONGKONG)LTD. ROOM XXX, SHATINGALLERIA MEISTREET, FOTAN, N.T, HONGKONG DATE: 08/06/04 REFERENCE NO.:HB184004 SHIPMENT FROM KUNSAN, KOREA TO SHANGHAI CHINA VIA HONGKONG				
SHIPPING MARKS	**DESCRIPTION**	**QTY**	**UNIT PRICE**	**AMOUNT**
N/M	"HI-QBRAND" ART PAPER 039-44	16314KG 16ROLLS	0.8040	CFR SHANGHAI US$13116.45
TOTAL:		16314KG 16ROLLS		US$13116.45

图7-6 商业发票样本

资料3：

装箱单，如图7-7所示。

ABC(SHANGHAI)CO,LTD NO.XXX NANJING ROAD, SHANGHAI, CHINA				
PACKING LIST				
TO: SHANGHAI, CHINA SHIPMENT FROM KUNSAN, KOREA TO SHANGHAI CHINA VIA HONGKONG				DATE: 08/06/04
VESSEL AND VOYAGE	HUI DE/4Y0708		B/L NO.	SG40746
DESCRIPTION	**QTY**	**WEIGHT**	**NETWEIGHT**	**MEASUREMENT**
"HI-QBRAND" ART PAPER 039-44 H.S：48101300	16314KG 16ROLLS	16362	16314	
		16362	16314	
1×20' CONTAINER TEXU2263978 TAREWGT 2280KG 中文品名：韩松铜版纸				

图7-7 装箱单样本

请根据资料填写进口报关单，如图7-8所示。

中华人民共和国海关进口货物报关单

预录入编号：　　　　　　　　　　　　　　　　海关编号：

<table>
<tr><td>进口口岸*</td><td colspan="3"></td><td>备案号</td><td colspan="2">进口日期*</td><td colspan="2">申报日期</td></tr>
<tr><td>经营单位</td><td colspan="3"></td><td>运输方式</td><td colspan="2">运输工具名称</td><td colspan="2">提运单号</td></tr>
<tr><td>收货单位*</td><td colspan="3"></td><td>贸易方式</td><td colspan="2">征免性质</td><td colspan="2">征税比例*</td></tr>
<tr><td colspan="2">许可证号</td><td colspan="3">起运国（地区）*</td><td colspan="2">装货港*</td><td colspan="2">境内目的地*</td></tr>
<tr><td colspan="2">批准文号</td><td colspan="2">成交方式</td><td>运费</td><td colspan="2">保费</td><td colspan="2">杂费</td></tr>
<tr><td colspan="2">合同协议号</td><td colspan="2">件数</td><td>包装种类</td><td colspan="2">毛重（公斤）</td><td colspan="2">净重（公斤）</td></tr>
<tr><td colspan="2">集装箱号</td><td colspan="5">随附单据</td><td colspan="2">用途*</td></tr>
<tr><td colspan="9">标记唛码及备注</td></tr>
<tr><td>项号</td><td>商品编号</td><td>商品名称、规格型号</td><td>数量及单位</td><td>原产国（地区）</td><td>单价</td><td>总价</td><td>币制</td><td>征免</td></tr>
<tr><td colspan="9"></td></tr>
<tr><td colspan="9">税费征收情况</td></tr>
<tr><td colspan="3">录入员　　　　录入单位</td><td colspan="3">兹声明以上申报无讹并承担法律责任</td><td colspan="3">海关审单批注及放行日期（签章）</td></tr>
<tr><td colspan="3">报关员</td><td colspan="3"></td><td colspan="3">审单　　　　审价</td></tr>
<tr><td colspan="3">单位地址</td><td colspan="3">申报单位（签章）</td><td colspan="3">征税　　　　统计</td></tr>
<tr><td colspan="3">邮编　　　　电话</td><td colspan="6">填制日期</td></tr>
</table>

图7-8　进口货物报关单样本

拓展提升

报　关　员

一、报关员的概念

报关员是指依法取得报关从业资格，并在海关注册登记，向海关办理进出口货物报关业务的人员。

报关员不是自由职业者。报关员只能受雇于一个依法向海关注册登记的进出口货物收发货人或者报关企业，并代表该企业向海关办理报关业务。我国海关法律规定禁止报关员非法接受他人委托从事报关业务。

报关员必须具备一定的学识水平和实际业务能力，必须熟悉与货物进出口有关的法律、对外贸易、商品知识，必须精通海关法律、法规、规章并具备办理报关业务的技能。

二、工作内容

（1）按照规定如实申报出口货物的商品编码、商品名称、规格型号、实际成交价格、原产地及相应优惠贸易协定代码等报关单有关项目，并办理填制报关单、提交报关单证等与申报有关的事宜。

（2）申请办理缴纳税费和退税、补税事宜。

（3）申请办理加工贸易合同备案（变更）、深加工结转、外发加工、内销、放弃核准、余料结转、核销及保税监管等事宜。

（4）申请办理进出口货物减税、免税等事宜。

（5）协助海关办理进出口货物的查验、结关等事宜。

（6）应当由报关员办理的其他报关事宜。

任务评价

项　目	任务内容	结　果	
知识水平	1. 了解报关时间地点，5分 2. 了解报关资格，5分		
拓展能力	熟悉报关流程，30分		
任务实施	1. 缮制出口报关单，30分 2. 缮制进口报关单，30分		
综合评价：			
知识考核	技能考核	实操考核	综合得分
□1□2□3□4□5	□1□2□3□4□5	□1□2□3□4□5	
教师签字：			年　月　日

项目八　国际货款结算

任务一　掌握货款支付工具

任务二　掌握国际货款支付方式

任务三　熟悉各种支付方式的支付流程

项目八　国际货款结算

在国际业务中，货款结算是非常重要的一项内容。因买卖双方之间受风俗习惯、国家政策、处事方式、法律法规等限制，很难产生信任，采用何种支付手段就成为双方需要协商解决的问题。国际业务中信用证、电汇、票汇等是常见的几种支付方式。在为客户提供业务咨询及货款结算、费用清算、收汇付汇的过程中，货运代理应熟悉运用各种支付方式为客户提高货款结算效率。

任务一　掌握货款支付工具

任务目标

知识目标

1. 掌握几种货款支付工具
2. 了解不同支付工具的特点

能力目标

1. 能够看懂汇票、支票、本票
2. 能够填制汇票、支票、本票

任务描述

上海某公司出口一批服装到香港某公司，汇票为“AT 60 DAYS AFTER SIGHT”。汇丰银行对该张汇票进行了保证，付款日期为2013年3月6日。汇票经承兑后，汇丰银行将汇票给上海某公司。后香港某公司破产，汇丰银行以此为理由而拒付。请问汇丰银行能否以进口商破产而拒付？为什么？

知识准备

一、汇票

《中华人民共和国票据法》对汇票（见图8-1）所下的定义是：“汇票是出票人签发的，委托付款人在见票时或者在指定日期无条件支付确定的金额给收款人或者持票人的票据。”在国际贸易中，出口方索取货款时往往开出汇票作为要求付款的凭证，因此，其内容必须与相关的贸易合同和信用证条款相符。

汇　票

No.（汇票编号）EX99008　　Date（出票日期）:
Exchange for USD11 000.00（汇票金额）　　CHENGDU
At（付款期限）sight of this First of Exchange（Second of the same tenor and date unpaid) pay to the Order of BANK OF CHINA（受款人）　　the sum of
US DOLLARS ELEVEN THOUSAND ONLY　　（大写金额）
Drawn under ISSUING BANK: UNION BANK OF CALIFORNIA　　（开证行）
L/C NO: 306M062682（信用证号）DATE OF ISSUE:FEB.25,2013（开证日期）

To: UNION BANK OF CALIFORNIA,N.A.
MONTEREY PARK, CA
（付款人）

出票人签章

图8-1　汇票

1. 汇票种类

（1）按照付款的时间不同，汇票可分为即期汇票和远期汇票。

➲小提示

一张汇票往往可以同时具备几种性质。例如，一张商业汇票同时又可以是即期的跟单汇票；一张远期的商业跟单汇票同时又是银行承兑的汇票。

（2）按照出票人的不同，汇票可分为银行汇票和商业汇票。
（3）按照承兑人的不同，汇票可分为商业承兑汇票和银行承兑汇票。
（4）按照是否附有货运单据，汇票可分为光票和跟单汇票 。
（5）根据汇票的流通地域，可以分为国内汇票和国际汇票。
（6）根据当事人的重复性，可以分为普通汇票和变式汇票。

2. 汇票的使用流程

汇票的使用流程为出票、承兑提示、承兑、付款提示、付款，如图8-2所示。

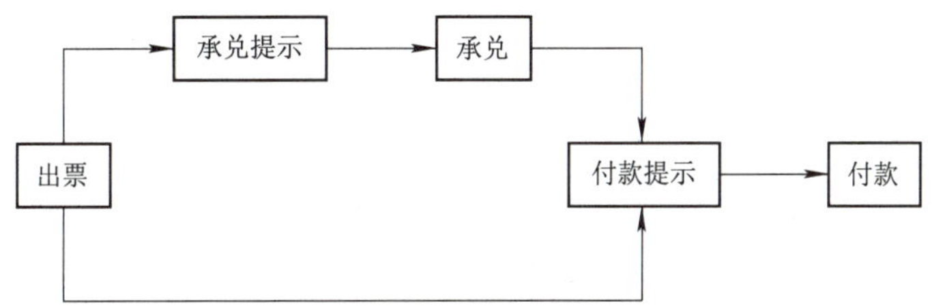

图8-2 汇票的使用程序

（1）出票（Issue）。出票就是出票人开出汇票，即出票人在汇票上填写好付款人付款金额、付款日期和地点以及收款人等项目，签字后交给收款人的行为。

（2）提示和见票（Presentation and Sight）。提示是指收款人或持票人将汇票提交付款人要求付款或承兑的行为。付款人看到汇票，即为见票。提示可分为付款提示和承兑提示。

1）付款提示。汇票的持票人向付款人（或远期汇票的承兑人）出示汇票要求付款人（或承兑人）付款的行为。

2）承兑提示。持票人将远期汇票提交付款人要求承兑的行为。

（3）承兑（Acceptance）。承兑是指付款人对远期汇票表示承担到期付款责任的行为。付款人汇票正面写上“承兑”字样，注明承兑日期并签字后交还持票人。

国际银行间承兑的习惯做法是：付款银行在承兑远期汇票后发出“承兑通知书”给持票人，不再退还汇票。如属见票后定期付款的汇票，根据“承兑通知书”上的承兑日期推算出到期日。承兑银行于到期日主动付款划入持票人账户。

（4）付款（Payment）。对即期汇票，在持票人提示汇票时，付款人见票即付；对远期汇票，付款人经过承兑后，在汇票到期日付款。付款后，汇票上的一切债务关系即告结束。

（5）背书（Endorsement）。在国际金融市场上，一张远期汇票的持票人如想在汇票到期日前取得票款，可以经过背书在票据市场上转让。所谓背书，是指汇票持有人在汇票背面签上自己的名字或再加上受让人（被背书人）的名字，并把汇票交给受让人的行为。这实际上是对汇票进行贴现，是受让人对汇票持有人的一种资金融通，即受让人在受让汇票时要按照汇票的票面金额扣除从转让日起到汇票付款日止的利息后将票款付给出让人，这种行为称做“贴现”。

（6）拒付（Dishonour）与追索（Recourse）。拒付也称退票，是指持票人提示汇票要求承兑时遭到拒绝承兑，或持票人提示汇票要求付款时遭到拒绝付款。汇票被拒付，对持票人立即产生追索权。持票人有权向其前手追索，包括所有的前手，直至出票人。

（7）保证（Guarantee）。汇票的保证是指汇票的债务可以由保证人承担保证责任。通常由非汇票债务人作为汇票的保证人。

保证人提高了付款的信誉。保证人应该负有与被保证人完全相同的责任。

二、本票

本票（见图8-3）是一个人向另一个人签发的，保证于见票时、定期或在可以确定的将来时间，对其指定人或持票人支付一定金额的无条件的书面承诺。

本票是出票人签发的，承诺自己在见票时无条件支付确定金额给收款人或持票人的票据。本票是一种允诺式的票据，其基本当事人只有两个，即出票人和收款人。出票人就是付款人。

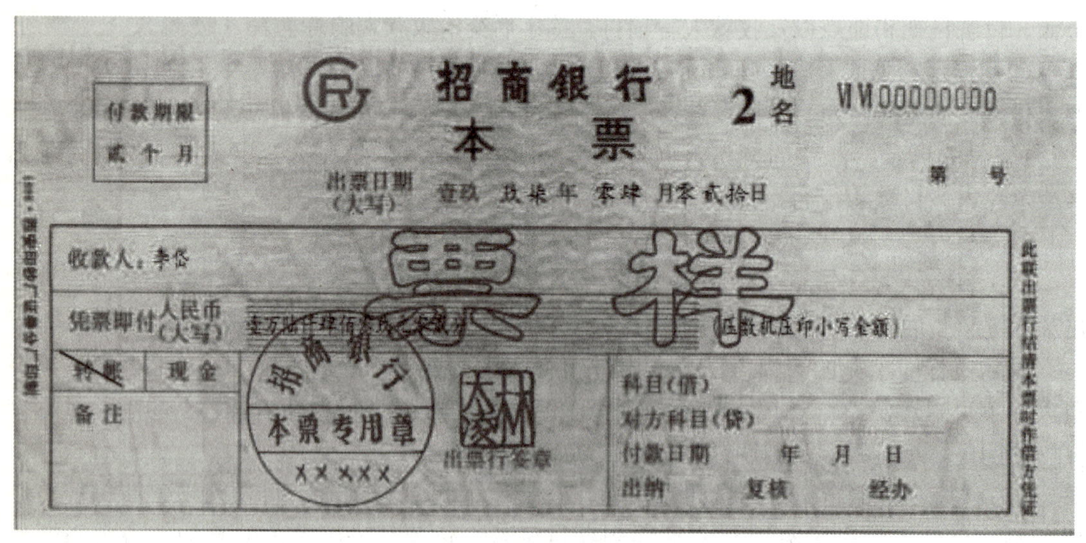
付款期限 贰个月
招商银行
本票
2 地名
WM00000000
第 号
出票日期（大写） 壹玖 玖柒 年 零肆 月零贰拾日
收款人：李僖
凭票即付 人民币（大写）
（压数机压印小写金额）
转账 现金
备注
招商银行 本票专用章 ×××××
出票行签章
科目（借）
对方科目（贷）
付款日期 年 月 日
出纳 复核 经办
此联出票行结清本票时作借方凭证
票样

图8-3 本票样本

1. 本票的种类

本票分为一般本票和银行本票。我国只用银行本票。

2. 本票与汇票的区别

（1）当事人数不同。汇票有三个当事人，即出票人、付款人和收款人；本票的基本当事人只有出票人和收款人两个。本票的付款人就是出票人自己。

（2）是否经过承兑。远期汇票基本上都要经过付款承兑；本票的出票人就是付款人，而本票由他自己签发，承诺在本票到期日付款，因此无须承兑。

（3）出票人责任不同。汇票在承兑前出票人是主债务人，承兑后承兑人是主债务人，出票人成为次债务人；本票的出票人是绝对的主债务人。

（4）票据份数不同。汇票可开成一式多份（银行汇票除外），而本票只能一式一份。

三、支票

支票是出票人签发，委托办理支票存款业务的银行或者其他金融机构在见票时无条件支付确定金额给收款人或持票人的票据，如图8-4所示。支票是以银行为付款人的即期汇票。

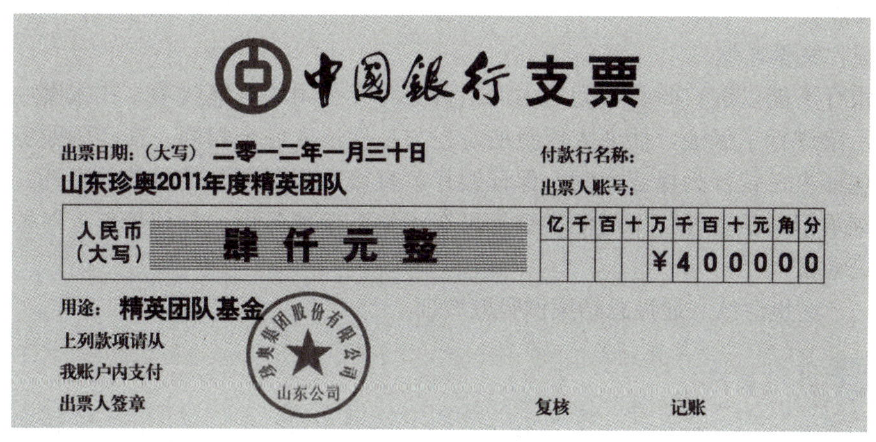
中国银行支票

出票日期：(大写) 二零一二年一月三十日　　付款行名称:

山东珍奥2011年度精英团队　　出票人账号:

人民币(大写)	肆仟元整	亿	千	百	十	万	千	百	十	元	角	分
						¥	4	0	0	0	0	0

用途：精英团队基金

上列款项请从

我账户内支付

出票人签章

珍奥集团股份有限公司 山东公司

复核　　记账

图8-4　支票样本

1. 支票的种类

（1）按有无收款人姓名记载分类，支票可以分为记名支票和不记名支票。记名支票是指在收款人栏内记载收款人姓名或名称，取款时必须由收款人签章后方可支取。不记名支票是指收款人栏内不记载收款人姓名或名称，保留空白或只写“付给来人”字样。取款时，持票人无须在支票上签章，凭支票即可支取票款。

（2）按附加的付款保障方式分类，支票可以分为划线支票和保付支票。

划线支票是指在支票正面划平行线。只能委托银行凭以办理转账、持票人不得提现。保付支票是指付款银行在开出的支票上加盖“保付”图章，并注明日期和负责人签字，表示该支票提示时一定付款。支票一经保付，保付银行即承担付款责任，持票人、背书人都免予追索。设保付支票账户，银行承担付款责任。我国尚无支票保付的规定。

➲**小提示**

支票与汇票一样不能空头。

2. 支票与汇票的区别

（1）付款人不同。汇票付款人可以是银行、企业或个人，支票的付款人必须是银行。

（2）用途不同。汇票既可以作为结算和押汇，也可以作为信贷工具；而支票只能用于结算。

（3）付款期限不同。汇票有即期和远期之分，而支票只有即期。

（4）提示期限不同。我国票据法规定：汇票提示期限为1年，支票提示期限为10天。

（5）可否止付不同。汇票在承兑后不可撤销，支票可以止付。

任务实施

活动：分析案例。

步骤一：分析任务描述中的案例。教师组织各组学生分析任务描述中的案例，并指出案例中的重点。

步骤二：案例详解。

汇丰银行不能以进口商破产为理由而拒付上海某公司的这笔款项。在本案中，汇丰银行对该张汇票进行了保证，保证人应负的责任与被保证人完全相同。在实际业务中，当付款人是被保证人、银行为保证人时，保证银行就直接承担汇票到期付款的责任。因此，汇丰银行必须承担付款责任。不过汇丰银行可在清偿汇票债务后，行使持票人对被保证人及其前手的追索权。

步骤三：案例总结。通过总结案例吸取教训。

应用训练

××年秋季广交会期间，广东省某进出口公司与香港H公司签约出口一批工艺品。次年1月，H公司到我方公司送交广东省某银行香港分行面额26.5万港币的支票一张，随即要求提货。由于支票上签字不全，我方要求重开。但由于对方强烈要求，我方告之了提货地点。几天后H公司重新开来同样金额的支票，我方交中国银行办理托收，却是一张无法兑现的空头支票。我方这才发现对方已从我工厂仓库如数提走货物，运往广东省揭西县，转售给该县某单位。空头支票属于严重的商业欺诈行为，出票人应承担法律责任。我方多次通知H公司面洽，H公司既不派员，也不付款。该案一直悬而未决。试问你从中吸取了什么教训？

拓展提升

远期汇票中英文对照，如图8-5和图8-6所示。

远期汇票中英文对照

NO.663/87

Exchange for £.485 Beijing, China, 8th March, 2012.

At 120 days sight of this FIRST of exchange (the SECOND of the same tenor and date being unpaid) pay to the order of China National Carpet Export Corporation the sum of Pound sterling four hundred and eighty-five only.

To West Coast Import Co., Ltd.
44 Dock Street,
Liverpool, England

China National Carpet
Export Corporation
Manager
(signed)

(Inv. NO.663/87)

图8-5 远期汇票英文样本

发票号：663/87

汇票金额：485英镑 中国，北京，2012年3月8日

凭本汇票正本（副本未付）于见票后120天付中国地毯出口公司或其指定人肆佰捌拾伍英镑整（大写）。

此致

英国，利物浦
道克大街44号
西海岸进口有限公司

中国地毯出口公司
经理
（签字）

（发票号：663/87）

图8-6 远期汇票中文样本

任务评价

项 目	任务内容	结 果
知识水平	1. 了解几种支付工具，10分 2. 了解几种支付工具的区别，10分	
拓展能力	看懂汇票、支票、本票，30分	
实践能力	填写汇票、支票、本票，50分	
综合评价：		

知识考核	技能考核	实操考核	综合得分
□1□2□3□4□5	□1□2□3□4□5	□1□2□3□4□5	

教师签字： 年 月 日

任务二　掌握国际货款支付方式

任务目标

知识目标

1. 了解几种国际货款支付方式
2. 掌握几种货款支付方式的特点

能力目标

1. 能够正确选择货款支付方式
2. 了解不同支付方式的运作

任务描述

荣信公司与雅夫公司的吊灯业务工作进行过半，在货物通关后，宏达公司业务员苏姗随即安排货物装船，并成功换取船公司签发的清洁提单。苏姗立即电告荣信公司王天，告知货物已装船，准备发装船通知，同时提醒王天，因荣信公司与雅夫公司选择的是信用证支付方式，依照信用证付款方式的特点，王天可以凭借提单发票等单据去银行议付货款。

请说明信用证支付方式的特点。

知识准备

一、汇付

汇付，又称汇款，是债务人或付款人通过银行将款项汇交债权人或收款人的结算方式，是简单的国际货款结算方式。货运单据由卖方自行寄送买方。

1. 汇付的当事人

汇款人（Remitter），即付款人，在国际贸易结算中通常是进口人、买卖合同的买方或其他经贸往来中的债务人。

收款人（Payee），通常是出口人、买卖合同中的卖方或其他经贸往来中的债权人。

汇出行（Remitting Bank），是接受汇款人的委托或申请，汇出款项的银行。通常是进口人所在地的银行。

汇入行（Receiving Bank），又称解付行（Paying Bank）是接受汇出行的委托解付款项的银行。汇入行通常是汇出行在收款人所在地的代理行。

2. 汇付的种类

汇付根据汇出行向汇入行转移资金发出指示的方式，可分为以下三种方式。

（1）电汇（Telegraphic Transfer，T/T）。电汇是汇出行应汇款人的申请，拍发加押电报或电传给在另一国家的分行或代理行（即汇入行）解付一定金额给收款人的一种汇款方式。电汇方式的优点在于速度快，收款人可以迅速收到货款。随着现代通信技术的发展，银行与银行之间使用电传直接通信，快速准确。电汇是目前使用较多的一种方式，但其费用较高。

（2）信汇（Mail Transfer，M/T）。信汇是汇出行应汇款人的申请，用航空信函的形式指示出口国汇入行解付一定金额的款项给收款人的汇款方式。信汇的优点是费用较低廉，但收款人收到汇款的时间较迟。

（3）票汇（Remittance by Banker's Demand Draft，简称D/D）。票汇是指汇出行应汇款人的申请，代汇款人开立以其分行或代理行为解付行的银行即期汇票，支付一定金额给收款人的汇款方式。

票汇与电汇、信汇的不同之处在于，票汇的汇入行无须通知收款人取款，而由收款人持票登门取款，这种汇票除有限制流通的规定外，经收款人背书可以转让流通，而电汇、信汇的收款人不能转让收款权。

3. 汇付的应用

买卖双方对每一种结算方式，都应从手续费用、风险和资金负担的角度来考虑它的利弊。

汇付的优点在于手续简便、费用低廉。

汇付的缺点是风险大，资金负担不平衡。因为以汇付方式结算，可以是货到付款，也可以是预付货款。如果是货到付款，卖方向买方提供信用并融通资金。如果是预付货款，买方向卖方提供信用并融通资金。不论哪一种方式，风险和资金负担都集中在一方。在我国外贸实践中，汇付一般只用来支付订金货款尾数、佣金等项费用，不是一种主要的结算方式。在发达国家之间，由于大量的贸易是跨国公司的内部交易，而且外贸企业在国外有可靠的贸易伙伴和销售网络，因此，汇付是主要的结算方式。

在分期付款和延期付款的交易中，买方往往用汇付方式支付货款，但通常需辅以银行保函或备用信用证，所以又不是单纯的汇付方式了。

二、托收

托收（Collecting）是出口人在货物装运后，开具以进口方为付款人的汇票（随附或不随付货运单据），委托出口地银行通过它在进口地的分行或代理行代出口人收取货款的一种结算方式。托收属于商业信用，采用的是逆汇法。

1. 托收的当事人

（1）委托人（Principal），是指委托银行办理托收业务的客户，通常是出口人。

（2）托收银行（Remitting Bank），是指接受委托人的委托办理托收业务的银行。

（3）代收银行（Collecting Bank），是指接受托收行的委托向付款人收取票款的进口地银行。

（4）付款人（Drawee），通常是指买卖合同的进口人。

2. 托收的主要特点

托收属于商业信用，银行办理托收业务时，既没有检查货运单据正确与否或是否完整的义务，也没有承担付款人必须付款的责任。托收虽然是通过银行办理，但银行只是作为出口人的受托人行事，并没有承担付款的责任，进口人不付款与银行无关。出口人向进口人收取货款靠的仍是进口人的商业信用。

托收对进口人比较有利，可以免去开证的手续以及预付押金，还有可以预借货物的便利。当然，托收对进口人也不是没有一点风险。例如，进口人付款后才取得货运单据领取货物，如果发现货物与合同规定不符或者根本就是假的，也会因此而蒙受损失，但总的来说，托收对进口人比较有利。

3. 托收的种类

根据托收时是否向银行提交货运单据，托收分为光票托收和跟单托收两种。国际贸易中货款的收付大多采用跟单托收。

（1）光票托收。托收时如果汇票不附任何货运单据，而只附有“非货运单据”（发票、垫付清单等），称光票托收。这种结算方式多用于贸易的从属费用、货款尾数、佣金、样品费的结算和非贸易结算等。

（2）跟单托收。跟单托收有两种情形：附有商业单据的金融单据的托收和不附有金融单据的商业单据的托收。在国际贸易中所讲的托收多指前一种。

跟单托收根据交单条件的不同，可分为付款交单和承兑交单两种。

1）付款交单（Documents against Payment，D/P），是指代收行必须在进口人付款后方能将单据交予进口人的方式。即所谓的“一手交钱，一手交单”。出口人把汇票连同货运单据交给银行托收时，指示银行只有在进口人付清货款的条件下才能交出货运单据。这种托收方式对出口人取得货款提供了一定程度的保证。

付款交单跟单托收根据付款时间的不同可分为以下三种。

① 即期付款交单（D/P at sight），出口人开具即期汇票交付银行代收货款，进口人见票后须立即支付货款并换取单据。

② 远期付款交单（D/P at...days after sight），出口人开具远期汇票托收，根据远期汇票的特点，进口人要先行承兑，等汇票到期日才能付清货款领取货运单据。

③ 在远期付款交单条件下，如果进口人希望在汇票到期前赎单提货，就可采用凭信托收据借单的办法。这里的信托收据是进口人向代收行出具的文件，该文件承认货物所有权属于代收行，秘书只是以代收行代理人的身份代为保管货物，代收行有权随时收回出借给进口人的商品。

2）承兑交单（Documents against Acceptance，D/A），指在使用远期汇票收款时，代收行或提示行向进口人提示汇票和单据。若单据合格，进口人对汇票加以承兑，银行凭进口人的承兑向进口人交付单据。这种托收方式只适用于远期汇票的托收，与付款交单相比，承兑人交单为进口人提供了资金融通上的方便，但出口人的风险增加了。

三、信用证

信用证（Letter of Credit，L/C）是一种由银行依照客户的要求和指示开立的有条件的承诺付款的书面文件。信用证是有条件的银行担保，是银行（开证行）应买方（申请人）的要求和指示保证立即或将来某一时间内付给卖方（受益人）一笔款项。

卖方（受益人）得到这笔钱的条件是向银行（议付行）提交信用证中规定的单据。例如，商业、运输、保险、政府和其他用途的单据。

1. 信用证的当事人

（1）开证申请人（Applicant），指向银行申请开立信用证的人。

（2）开证行（Opening Bank or Issuing Bank），指接受开证人申请人的申请，向出口人开立信用证的银行，一般是进口地银行，要承担信用证的付款责任，并代开证申请人行使请求出口人交付单据的权利。

（3）通知行（Advising Bank or Notifying Bank），指受开证行的委托，将信用证转交出口人的银行，一般是出口地银行。它只证明信用证的真实性，并不承担其他义务。通知行往往是开证行的代理行。

（4）受益人（Beneficiary），指信用证上所指定的有权使用该证的人，一般是出口人。

（5）议付行（Negotiating Bank），指愿意买入或贴现受益人交来跟单汇票的银行。议付行可能在信用证上指定，也可非指定，多数是非指定的出口地银行。

（6）付款行（Paying Bank or Drawee Bank），指信用证上指定的付款人，多数就是开证行本身，也可以是它指定的另一家银行（也称代付行）。付款行一经付款，就不能对受款人追索。

（7）保兑银行（Confirming Bank），是指根据开证银行的请求在信用证上加具保兑的银行。保兑银行具有与开证银行相同的责任和地位。对一些汇率不稳定或对外支付有问题的国家相关银行开出的信用证，卖方往往要求银行加以保兑，以保证货款的安全收取，如智利、巴西、印度尼西亚等国所开出的信用证。

（8）偿付银行（Reimbursement Bank），又称清算银行（Clearing Bank），是指接受开证银行的指示或授权，代开证银行偿还垫款的第三国银行，即开证银行指定的对议付行或代付行进行偿付的代理人。

偿付行的偿付不视为开证行终局性的付款，因为偿付行不审查单据。若开证行见单后发现单证不符，可向议付行或付款行追索货款。

（9）受让人（Transferee），又称第二受益人（Second Beneficiary），是指接受第一受益人转让有权使用信用证的人，大都是出口人。

2. 信用证的特点

（1）信用证方式是一种银行信用，由开证行负第一付款责任。受益人无须也不得直接找进口人要求付款，而是凭单据直接向信用证上注明的银行要求付款。

（2）信用证是独立于贸易合同之外的自足文件，不受贸易合同的约束。信用证开立的依据是贸易合同，但一经开立，银行与受益人之间就以信用证来履行义务承担责任，而不是根据贸易合同行事。

（3）信用证的标的是单据。信用证业务中，各有关当事人处理的是单据，至于单据上所代表的货物是否已装船或灭失，银行都不过问，只要受益人提供的单据与信用证相符，单据之间相符无误，银行就应付款。即使对于欺诈性的单据，银行不知情则不予负责。因此可以说信用证下银行与受益人是从事一种单据买卖活动。

3. 信用证的种类

（1）按信用证下的汇票是否随付货运单据，信用证可分为跟单信用证和光票信用证。

1）跟单信用证（Documentary L/C），是指开证行凭跟单汇票或仅凭单据付款的信用证。单据是指代表货物或证明货物已交运的单据。前者指海运提单、保险单和仓单等，后者指铁路运单、航空运单、邮包收据等。国际贸易所使用的信用证绝大部分是跟单信用证。

2）光票信用证（Clean L/C），光票信用证是指开证行仅凭不附单据的汇票付款的信用证。有的信用证要求汇票附有非货运单据，如发票、垫款清单等，也属光票信用证。在采用信用证方式预付货款时，通常是用光票信用证。

（2）以开证行所负的责任划分，信用证可分为不可撤销信用证和可撤销信用证。

1）不可撤销信用证（Irrevocable L/C），是指信用证一经开出，在有效期内未经受益人及有关当事人的同意，开证行不得片面修改和撤销，只要受益人提供的单据符合信用证规定，开证行必须履行付款义务。

2）可撤销信用证（Revocable L/C），是指开证行对所开信用证不必征得受益人或有关当事人的同意，有权随时撤销的信用证。

（3）按是否有另一家银行加以保兑，信用证可分为保兑信用证和不保兑信用证。

1）保兑信用证（Confirmed L/C），是指开证行开出的信用证，由另一银行保证对符合信用证规定的单据履行付款义务。

2）不保兑信用证（Unconfirmed L/C），指开证银行开出的信用证没有经另一家银行保兑。当开证银行资信好和成交金额不大时，一般都使用这种不保兑的信用证。

（4）按付款时间划分，信用证可分为即期付款信用证和远期信用证。

1）即期付款信用证（Sight Payment L/C），开证行或付款行收到符合信用证条款的跟单汇票或装运单据后，立即履行付款义务的信用证。

2）远期信用证（Usance L/C），是指开证行或其指定付款行收到远期汇票或单据后，在规定的期限内保证付款的信用证。

（5）按受益人对信用证的权利是否可转让，信用证可分为可转让信用证和不可转让信用证。

1）可转让信用证（Transferable Credit），是指开证行授权通知行在信用证的受益人（第一受益人）要求时，将信用证全部或部分转让给一个或数个受益人（第二受益人）使用的信用证。

2）不可转让信用证（Non-Transferable Credit），是指受益人不能将信用证的权利转让给他人的信用证。凡信用证中未注明“可转让”的，就是不可转让信用证。

（6）循环信用证，是指信用证被全部或部分使用后，其金额又恢复到原金额，可再次使用，直至达到规定的次数或规定的总金额为止。这种信用证就是循环信用证。在进出口买卖双方订立长期合同，分批交货，而且货物比较大宗单一的情况下，进口方为了节省开证手续和费用，即可开立循环信用证。

（7）对开信用证（Reciprocal Credit）。第一张信用证的受益人（出口人）和开证申请人（进口人）就是第二张信用证的开证申请人和受益人，第一张信用证的通知行通常就是第二张信用证的开证行。

（8）背对背信用证（Back to Back Credit），是一个信用证的受益人以这个信用证为保证要求一家银行开立以该银行为开证行，以这个受益人为申请人的一份新的信用证，也称转开信用证。

任务实施

活动：分析三种货款支付方式的风险。

步骤一：列举常用的货款支付方式。教师组织学生列举常用的货款支付方式，并简单解释说明。

步骤二：列表分析三种支付方式的风险。教师要求各组学生讨论汇付、托收、信用证三种重要的支付方式，并分析其风险，见表8-1。

表8-1　三种支付方式风险分析

结算方式		买方风险	卖方风险
汇付	预付货款	卖方不交货；卖方不按时交货；货物与合同规定不符	买方不按时汇款
	赊账交易	卖方不按合同规定交货	买方不收货；买方收货后不付款；买方拖延付款；买方找借口要求降价
托收	付款交单	卖方不交货；卖方不按时交货；单据与合同规定不符；收到的货物与单据不符	买方不付款赎单；买方要求降价后才付款赎单；进口国政治、经济局势恶化；远期D/P被代收行改按D/A处理，导致财货两失
	承兑交单	卖方不交货；卖方不按时交货；收到的货物与单据不符	买方不承兑；买方要求降价后才承兑、收货；买方承兑或收货后不付款；买方承兑或收货后要求降价才付款
信用证		付押金后，开证行倒闭；卖方伪造单据收到的货物与单据不符	买方不开证或不按期开证；开证行失去偿付能力；收到的是规定有卖方无法做到或不能接受的条款；规定生效条件，但买方迟迟不予创造此项条件等含有软条款的信用证；开证行、开证人对单据无理挑剔借口拒付伪造信用证

步骤三：总结。

教师组织学生对上述分析要有清醒认识：表8-1的分析未必全面，但从中可以看出，绝对安全的结算方式是不存在的。就卖方而言，汇款用于预付货款最为安全，跟单信用证风险较小，D/P风险较大，D/A风险极大。用汇款方式做赊账交易时，对卖方来说几乎毫无保障，故风险最大；而对买方来说最为安全。

应用训练

我某进出口公司收到国外信用证一份，规定：最后装船日2013年6月15日，信用证有效期2013年6月30日，交单期：提单日期后15天但必须在信用证的有效期之内。后因为货源充足，该公司将货物提前出运，开船日期为2013年5月29日。6月18日，该公司将准备好的全套单证送银行议付时遭到银行的拒绝。请问为什么银行会拒绝议付？该进出口公司将面临怎样风险？

拓展提升

信用证正副本转递流程

开证行开出的信用证的份数如无特殊需要，一般来说，应开出一份正本和三份副本，其转递流程，如图8-7所示。

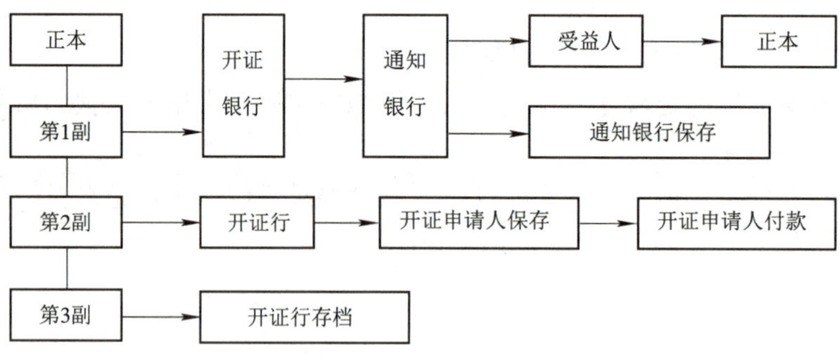

图8-7 信用证正副本转递流程

任务评价

项 目	任务内容	结 果
知识水平	1. 了解汇付，5分 2. 了解托收，5分 3. 了解信用证，10分	
拓展能力	认识三种支付方式的特点，20分	
任务实施	1. 掌握各种支付方式的风险分析，20分 2. 掌握信用证案例分析，40分	

综合评价：			
知识考核	技能考核	实操考核	综合得分
□1□2□3□4□5	□1□2□3□4□5	□1□2□3□4□5	
教师签字：			年 月 日

任务三　熟悉各种支付方式的支付流程

任务目标

知识目标

1. 了解各种支付方式的支付流程
2. 熟悉流程运作

能力目标

1. 能够准确操作托收、汇付、信用证
2. 办理各种货款支付业务

任务描述

请以广州市荣信经贸发展有限公司王天的身份说明该公司信用证流转过程。

知识准备

一、汇付

（1）电汇（或信汇）的流程，如图8-8所示。

① 汇款人向汇出行申请电汇，填写电汇申请书。

② 汇出行给汇款人电汇回执。

③ 汇出行发加押电报给汇入行。

④ 汇入行发电汇通知给收款人。

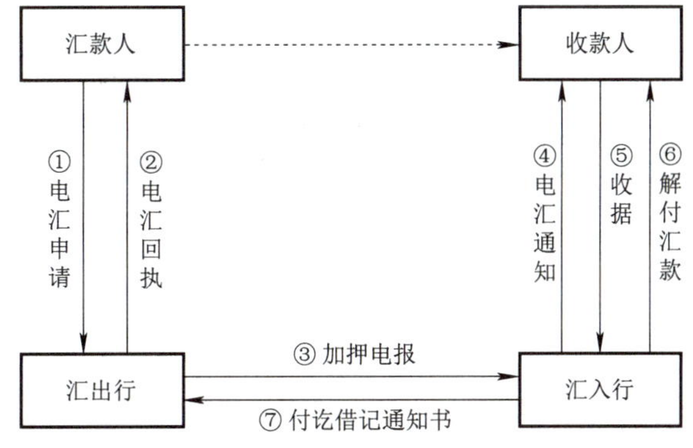

图8-8　电汇（或信汇）流程

⑤ 收款人将收据交给汇入行。
⑥ 汇入行解付汇款。
⑦ 汇入行通知汇出行汇款已收。
（2）票汇流程图，如图8-9所示。
① 汇款人付款给汇出行，填写票汇申请书。
② 汇出行给汇款人开具银行即期汇票。
③ 汇出行发出汇票通知书给汇入行。
④ 汇款人将即期汇票交给收款人。
⑤ 收款人将背书后的汇票交给汇入行。
⑥ 汇入行付款给收款人。
⑦ 汇入行通知汇出行汇款已付。

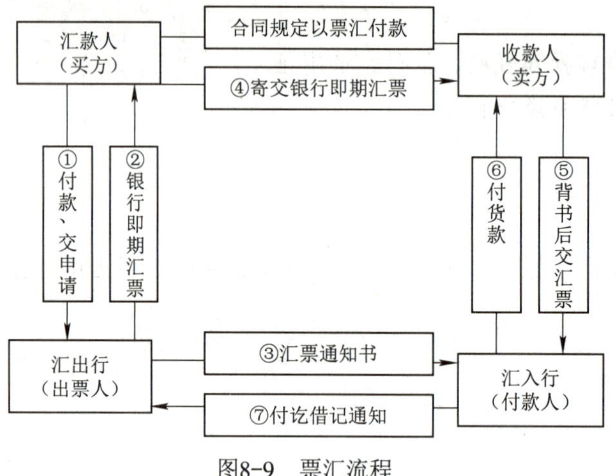

图8-9　票汇流程

二、托收

（1）即期付款交单流程（D/P at sight），如图8-10所示。
① 出口方发货给进口方。
② 船公司签发提单，交给出口方。
③ 出口方签发汇票，在托收行填写托收申请书。
④ 托收行给出口方开出回执。
⑤ 托收行发出托收委托书，连同单据航寄代收行。
⑥ 代收行提示进口方立即付款。
⑦ 进口方付款。
⑧ 代收行将单据交给进口方。
⑨ 进口方凭单提货。
⑩ 代收行将收妥的货款汇交托收行。
⑪ 托收行付款给出口方。

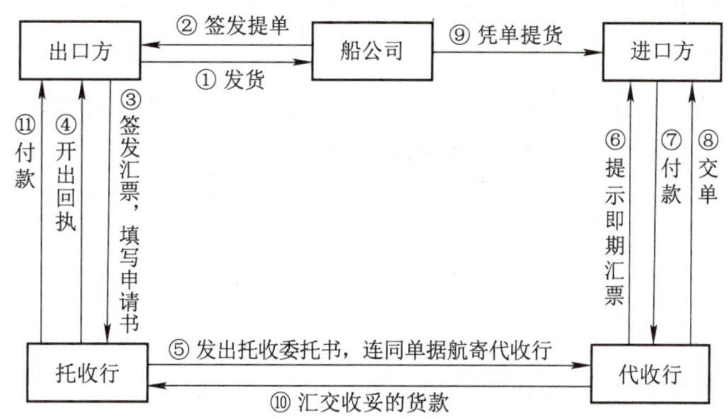

图8-10　即期付款交单流程

（2）远期付款交单（D/P at…days after sight）如图8-11所示。

① 出口方发货给进口方。

② 运输公司签发提单，交给出口方。

③ 出口方签发汇票，在托收行填写托收申请书。

④ 托收行给出口方开出回执。

⑤ 托收行发出托收委托书，连同单据寄代收行。

⑥ 代收行提示进口方，出口方已经开出远期汇票，要求承兑。

⑦ 进口方承兑汇票，承诺一定时期付款。

⑧ 代收行在到期日提示进口方付款。

⑨ 进口方付款，代收行交单。

⑩ 进口方凭单提货。

⑪ 代收行将代收的货款汇交托收行，托收行将货款交给出口方。

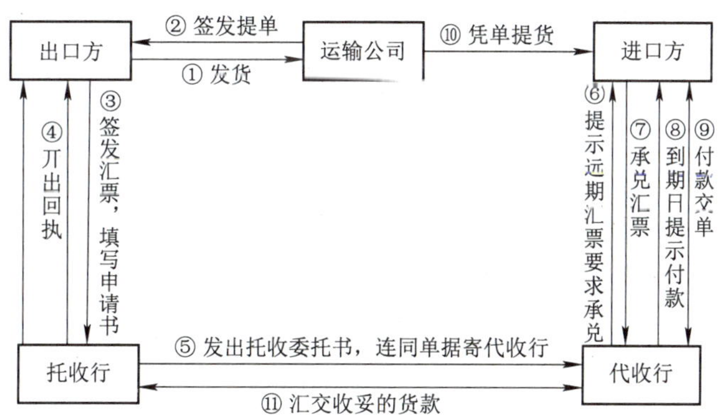

图8-11　远期付款交单流程

（3）承兑交单（D/A）流程，如图8-12所示。

① 出口商发货。

② 运输公司签发提单。

③ 出口商填写托收申请书，开立汇票，连同货运单据交托收行，委托其代收货款。

④ 托收行发出回执。

⑤ 托收行根据托收申请书缮制托收委托书，连同跟单汇票寄交代收行委托代收。

⑥ 代收行按托收申请书指示向进口商提示跟单汇票。

⑦ 进口商承兑汇票。

⑧ 代收行交单。

⑨ 进口商提货。

⑩ 进口商到期付款。

⑪ 代收行办理转账，并通知托收行款已收到。

⑫ 托收行向卖方交款。

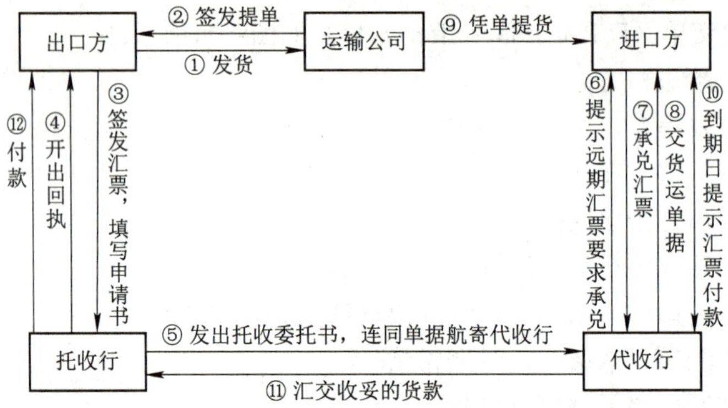

图8-12　承兑交单流程

三、信用证流程

信用证流程如图8-13所示。

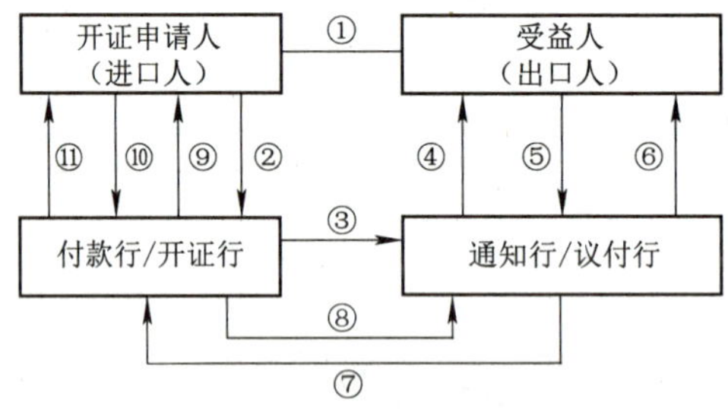

图8-13　信用证流程图

① 买卖双方订立合同，约定以信用证方式进行结算。

② 进口人填制开证申请书，交纳押金和手续费，要求开证行开出以出口人为受益人的信用证。

③ 开证行将信用证寄交出口人所在地的分行或代理行（通知行）。

④ 通知行核对印鉴无误后，将信用证转交出口人。

⑤ 出口人审核信用证与合同相符后，按信用证规定装运货物，并备齐各项货运单据，开具汇票，在信用证有效期内一并送交当地银行（议付行），请求议付。

⑥ 议付行审核单据与信用证无误后，按汇票金额扣除利息和手续费，将货款垫付给出口人。

⑦ 议付行将汇票和货运单据寄交给开证行或其指定的付款行索偿。

⑧ 开证行或其指定付款行审单无误后向议付行付款。

⑨ 开证行在向议付行办理转账付款的同时，通知进口人付款赎单。

⑩ 进口人审查无误后付清货款。

⑪ 开证行收款后，将货运单据交给进口人，进口人凭此向承运人提货。

任务实施

活动：分析雅夫公司信用证流程。

步骤一：分析资料。教师安排学生分析荣信公司与雅夫公司的合作资料。

步骤二：设立情景模拟角色。学生根据信息，设立相关角色，如办证人员、开证行、议付行、通知行、荣信公司业务员等。

步骤三：信用证流程模拟。各学习小组设定模拟情境，要反映出信用证流转程序，期间涉及的道具等由学生自行设计完成。

步骤四：展示信用证办理流程。各组演示，互相评定。

步骤五：教师总结。教师就各组表现进行总结评定，并提醒学生办理信用证应注意的问题。

应用训练

深圳市丝绸公司出口至美国旧金山华文贸易公司成衣一万件，CFR旧金山价，发票金额为173 500美元，不许分批和转运，那么，应采用何种方式支付货款呢？

第一种：买方开出即期汇票，即期付款交单，其支付程序如图8-14所示，请说明其流程。

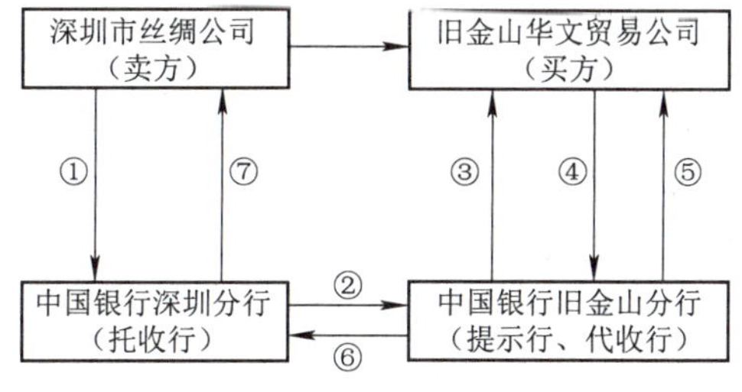

图8-14　即期付款交单

第二种：采用付款交单方式，买方开出远期汇票，称远期付款交单，如图8-15所示，其支付程序与即期付款交单相似，仅在付款提示前增加了承兑提示和承兑，请说明其流程。

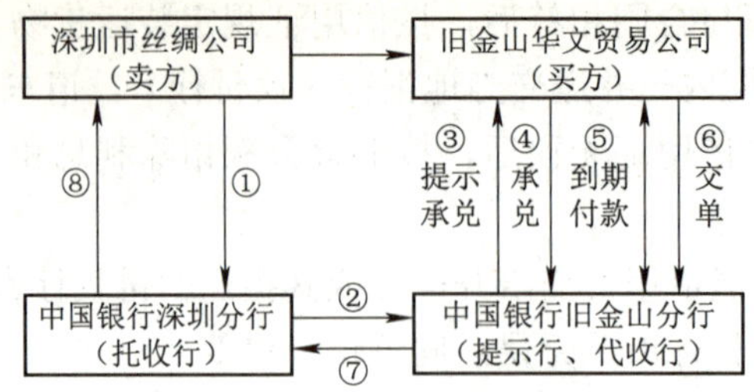

图8-15 远期付款交单

第三种：卖方采用以买方承兑汇票为交单条件的方式，只适用于远期汇票的托收，如图8-16所示，请说明其流程。

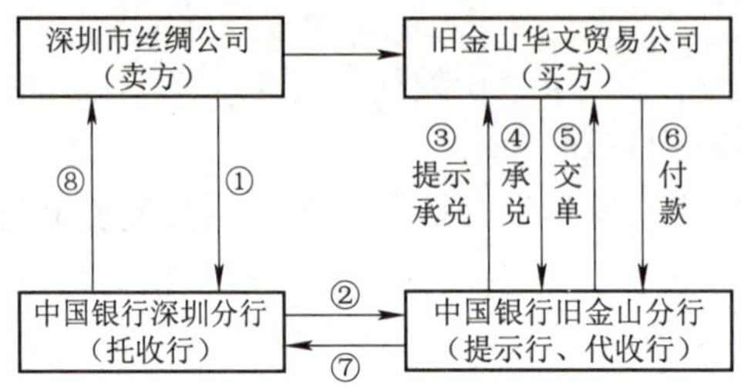

图8-16 远期承兑交单

拓展提升

国际货款结算方式的最佳选择

一笔货款究竟采用哪一种结算方式，在业务实践中往往取决于各当事人自身收益衡量与风险偏好基础上的谈判，此外还与贸易货物的特点、贸易地区的交易习惯、相应法规相关。长期以来，信用证一直是国际贸易结算中最常用的方式。但是随着世界经济一体化的推进，这种局面也在悄悄地发生变化。据有关资料统计，美国企业利用信用证进行国际贸易结算的比例大约在25%。在欧洲，尤其是欧盟内部，信用证业务较少，有夕阳业务之称，取而代之的大部分是见货后或者收货后付款（归属于赊销）。

我国加入世贸组织后，结算方式也成了一种重要的竞争手段。当前，国际市场上几乎所有的商品都成了买方市场，卖方为了扩大出口、夺得更多的市场份额，以优惠的付款方式变相地给买方融资。而许多买方乐于做无本生意，或以小本钱做大生意，努力降低融资成本和自有资金的占用，也强烈要求卖方付款条件上的优惠。为了不给不法商人钻空子，在进出口贸易业务中不吃亏、不上当、不受骗，在业务实践中必须灵活选择结算方式。

（1）在确定付款方式之前，尽量多做客户资信调查。例如，客户的企业性质是贸易公司、零售商还是生产厂家，该公司的规模、经营范围、往来银行名称及账号，与中国其他公司有无其他业务关系，公司有无网站。一方面，请客户自我介绍，然后从侧面加以证实。另一方面，可通过银行、保险部门和驻外机构进行调查，也可委托中国银行对客户进行专门资信调查。

（2）对不同地区的客户采用不同的做法。例如，欧洲、美国、日本、澳大利亚、新西兰地区的客户一般而言资信比较好，国家金融运作体系正常，所以一般付款交单远期风险不大。南美洲、非洲、中东等地区都是高风险地区，即便是付款交单即期或远期付款，也要求投保出口信用险。

（3）视合同金额的大小和新、老客户区别对待，灵活采用结算方式。如果是老客户，以前配合得很好，涉及合同金额比较小，可以接受承兑交单远期或后T/T（电汇）。如果是新客户或者合同金额较大，对于承兑交单托收和后T/T业务，要求必须投保出口信用险。

（4）对客户资信实行动态掌握，连续考察，随时注意调整结算方式。

（5）运用灵活的T/T付款方式。T/T付款，比起银行本票和商业支票来讲，既快捷又安全，银行本票和商业汇票要反向托收或到银行贴现，而且商业汇票存在极大风险。在实际业务中，灵活采用T/T付款方式有时也可和其他付款方式结合起来应用。

任务评价

项　目	任务内容	结　果
知识水平	1. 了解汇付流程，15分 2. 了解托收流程，15分 3. 了解信用证流程，10分	
拓展能力	三种支付方式的流转过程，20分	
任务实施	1. 模拟不同支付方式流程，30分 2. 选择合适的支付方式，10分	

综合评价：

知识考核	技能考核	实操考核	综合得分
□1□2□3□4□5	□1□2□3□4□5	□1□2□3□4□5	

教师签字：　　　　　　　　　　　　　　　　　　年　　月　　日

参考文献

[1] 陈金山．国际货运代理[M]．北京：科学出版社，2009．

[2] 中国国际货运代理协会．国际货运代理理论与实务[M]．北京：中国商务出版社，2012．

[3] 中国国际货运代理协会．国际航空货运代理理论与实务[M]．北京：中国商务出版社，2010．

[4] 邓传红．国际货运代理实务[M]．大连：大连理工大学出版社，2009．

[5] 孙明贺．国际贸易操作实务[M]．北京：科学出版社，2011．

[6] 杨占林．国际货运代理实务精讲[M]．北京：中国海关出版社，2009．